Será que
a ger
combi

Será que a gente combina?

Descubra se seu amor vai dar certo

Allan & Barbara
Pease

autores de
Por que os homens fazem sexo e as mulheres fazem amor?
400 mil exemplares vendidos no Brasil

SEXTANTE

Título original: *How Compatible Are You?*

tradução
Márcia Oliveira

preparo de originais
Regina da Veiga Pereira

revisão
Sérgio Bellinello Soares
Tereza Rocha

projeto gráfico e diagramação
DTPhoenix Editorial

capa
Silvana Mattievich

fotolitos
R R Donnelley

impressão e acabamento
Bartira Gráfica e Editora S/A

CIP-BRASIL. CATALOGAÇÃO-NA-FONTE
SINDICATO NACIONAL DOS EDITORES DE LIVROS, RJ

P375s Pease, Allan
Será que a gente combina? / Allan & Barbara Pease; tradução de Márcia Oliveira.
– Rio de Janeiro: Sextante, 2006.
il.

Tradução de: How compatible are you?
ISBN 85-7542-209-X

1. Companheiro conjugal – Escolha. 2. Relação homem-mulher. 3. Sexo – Diferenças (Psicologia). 4. Perguntas e respostas. I. Pease, Barbara. II. Título.

06-0241 CDD 306.7
CDU 396.2

GMT Editores Ltda.
Rua Voluntários da Pátria, 45 – Gr. 1.404 – Botafogo
22270-000 – Rio de Janeiro – RJ
Tel.: (21) 2286-9944 – Fax: (21) 2286-9244
E-mail: atendimento@esextante.com.br
www.sextante.com.br

Sumário

Introdução

Os mal-entendidos e conflitos entre os sexos, mesmo no século XXI, continuam tão presentes quanto na época da primeira discussão entre Adão e Eva. Durante três décadas de pesquisas a respeito das diferenças entre homens e mulheres, Barbara e eu recebemos milhares de perguntas sobre as razões que levam homens e mulheres a agirem de determinada forma. As cartas, telefonemas e e-mails vinham de pessoas intrigadas com o tipo de coisas que o sexo oposto é capaz de fazer, e daquelas que se sentem frustradas ou impotentes por não saberem como lidar com isso. Como resultado de nossas pesquisas, escrevemos *Por que os homens fazem sexo e as mulheres fazem amor?* e *Por que os homens mentem e as mulheres choram?* para ajudar as pessoas a se compreenderem e a se comunicarem melhor.

Preparamos agora este livro de testes com perguntas baseadas nos capítulos mais importantes de nossos livros anteriores. Temos certeza de que ele vai ajudar vocês a entenderem como seus parceiros pensam.

O que o seu parceiro ou a sua parceira sabe realmente sobre você? Ele ou ela ouve com atenção quando você fala? Que tipo de parceiro ou de parceira combina melhor com você? Você é um bom companheiro? Você é uma boa companheira? A amizade de vocês está pronta para se transformar num relacionamento amoroso? Seu par demonstra que será fiel? A crise no relacionamento é realmente culpa de sua sogra ou vocês é que são responsáveis por ela? Um de vocês mente para o outro? Vocês conversam sobre suas diferenças?

Essas e muitas outras perguntas agora serão respondidas. Os testes deste livro irão revelar aspectos novos e empolgantes sobre cada um de vocês. Comecem já e divirtam-se com este livro!

Allan & Barbara Pease

Capítulo 1

Falar e escutar

Por que os homens falam pouco e as mulheres falam sem parar

Há milhares de anos se sabe que os homens em geral falam pouco, sobretudo se comparados às mulheres. A fala não é uma das principais habilidades cerebrais dos homens, e sim das mulheres. Neles, a fala é ativada sobretudo pelo lado esquerdo do cérebro, e não possui áreas específicas.

Os homens evoluíram como caçadores e não como comunicadores. Era comum os caçadores se sentarem em silêncio durante horas para observar a presa. Não conversavam nem se relacionavam. O mesmo acontece quando os homens de hoje vão pescar juntos. Eles se divertem e apreciam a companhia uns dos outros, mas não têm necessidade de expressar isso em palavras. Já no caso das mulheres, se estiverem juntas sem conversar é sinal de que as coisas não estão indo nada bem.

Nas mulheres, a fala possui uma área específica no cérebro, localizada principalmente na parte frontal do hemisfério esquerdo e em outras áreas específicas menores do hemisfério direito. Possuindo áreas maiores que controlam a fala, o restante do cérebro feminino fica disponível para desempenhar outras tarefas, o que capacita as mulheres a fazerem várias coisas ao mesmo tempo. Os centros de fala bem definidos lhes dão superioridade de linguagem e desenvoltura verbal.

Na época em que os homens iam caçar, as mulheres passavam o dia juntas, com as crianças. Desenvolveram assim a habilidade de se comunicar bem para cuidar das relações.

Regra simples para se tornar um bom ouvinte

Normalmente, ao ouvir alguém, a mulher usa uma média de seis expressões faciais a cada dez segundos, refletindo as emoções de quem fala e reagindo a elas. Uma mulher faz a leitura do significado daquilo que lhe é dito por meio da entonação e da linguagem corporal de seu interlocutor. Isso é precisamente o que um homem deve fazer para atrair a atenção de uma mulher e mantê-la atenta ao que ele diz. Experimente reagir com expressões faciais quando estiver ouvindo alguém. Você será recompensado.

O nosso ancestral masculino guerreiro, ao ouvir, permanecia impassível, de modo a não trair suas emoções. Os homens atuais usam ainda essa máscara para esconder as emoções e se sentirem no controle da situação. Mas isto não significa que não sintam nada; tomografias revelaram que, apesar de evitarem demonstrar seus sentimentos, os homens os experimentam com a mesma intensidade que as mulheres.

O grande teste do bom ouvinte

As perguntas a seguir testarão a capacidade do seu parceiro ou de sua parceira de ouvir com atenção e interesse. Ele/ela presta atenção ao que você diz ou não? Ele/ela sabe mesmo quais são seus gostos e preferências ou apenas finge saber? E você? Costuma esperar demais da habilidade de se expressar de seu par ou consegue lidar com as fraquezas dele? Este teste vai revelar a verdade.

Os homens devem responder às perguntas da página 13, e as mulheres, às da página seguinte. Se desejarem responder ao questionário um do outro, copiem as perguntas antes de marcar as respostas.

Responda às perguntas com atenção e peça ao seu parceiro ou à sua parceira para assinalar as respostas dele/dela em seguida – sem ler as suas.

Nome: ______________________________

1. O que mais o aborreceu na semana passada?

____

2. Você teve um animal de estimação quando era criança? Em caso afirmativo, que tipo de animal?

____

3. O que aconteceu no seu sonho mais recente?

____

4. De que filme mais gostou nos últimos dias ou meses e por quê?

____

5. Quando é o aniversário do seu melhor amigo?

____

6. Você acredita em vida após a morte?

____

7. Que hábito de sua parceira mais o incomoda?

____

8. De que forma sua parceira pode deixá-lo sempre feliz?

____

9. Que livro está lendo ou terminou de ler recentemente?

____

10. Você acha que sua parceira o escuta com atenção?

____

11. Sua parceira ajuda você a resolver seus problemas?

____

12. Você idolatra alguém? Em caso afirmativo, quem?

13. Para que país você gostaria de viajar?

14. Quais foram suas resoluções de ano-novo no ano passado?

15. Você segue princípios? Cite os três mais importantes.

Teste da parceira

Nome: ______________________________

1. O que mais aborreceu seu parceiro na semana passada?

2. Você teve um animal de estimação quando era criança? Em caso afirmativo, que tipo de animal?

3. O que aconteceu no seu sonho mais recente?

4. De que filme mais gostou nos últimos dias ou meses e por quê?

5. Quando é o aniversário da sua melhor amiga?

6. Você acredita em vida após a morte?

7. Que hábito de seu parceiro mais a incomoda?

8. De que forma seu parceiro pode deixá-la sempre feliz?

9. Que livro está lendo ou terminou de ler recentemente?

10. Você acha que seu parceiro a escuta com atenção?

11. Seu parceiro ajuda você a resolver seus problemas?

12. Você idolatra alguém? Em caso afirmativo, quem?

13. Para que país você gostaria de viajar?

14. Quais foram suas resoluções de ano-novo no ano passado?

15. Você segue princípios? Cite os três mais importantes.

Sua necessidade de conversar

Para as mulheres, é prioritário estabelecer relacionamentos por meio de conversas. Uma mulher consegue, sem fazer esforço, falar uma média de seis a oito mil palavras por dia. E ela usa ainda mais dois a três mil sons para se comunicar, além de oito a dez mil gestos, expressões faciais, meneios de cabeça e outros sinais de linguagem corporal. Isso dá a ela mais de vinte mil "unidades" de comunicação para transmitir suas mensagens.

Compare o "papo" diário de uma mulher com o de um homem. Ele pronuncia apenas duas a quatro mil palavras e mil a dois mil sons, e emite dois a três mil sinais de linguagem corporal. Sua média diária chega a cerca de sete mil "unidades" de comunicação – por volta de um terço da média feminina.

Como você classificaria sua necessidade de conversar? Você a descreveria como alta ou baixa? Nas perguntas a seguir, assinale as respostas com as quais mais concorda e você irá descobrir. Não há respostas certas nem erradas, e a soma dos pontos não indica resultados "bons" ou "ruins".

1. Você está percorrendo uma trilha com seu par. Após quatro horas de subida vocês chegam ao topo. O que você faz?

a) Aproveita a vista em silêncio e pensa que valeu a pena o esforço. (0 ponto)

b) Anda pelo local por um tempo, dá uma boa olhada em tudo e depois comenta como a vista é fantástica. (3 pontos)

c) Como seu par não está por perto, você telefona para alguém para contar sobre a vista fantástica. Se não consegue encontrar ninguém, deixa uma mensagem na caixa postal. Afinal, você precisa compartilhar sua felicidade. (5 pontos)

2. Você gosta de origami e está trabalhando num modelo particularmente complicado quando seu parceiro ou sua parceira entra e diz que deseja contar-lhe algo. Como você reage?

a) Sem problemas. Você continua a trabalhar enquanto ouve. (5 pontos)

b) Isso atrapalha a sua concentração e você, então, pede que ele/ela volte um pouco mais tarde, pois está quase terminando e não quer interromper o que está fazendo agora. (0 ponto)

c) Você faz uma pausa e conversa com ele/ela. (3 pontos)

3. Pescar é...

a) Maravilhoso! Uma atividade útil em que você não precisa falar com ninguém e pode pensar sem interrupções por algum tempo – mesmo que você esteja com várias pessoas. (0 ponto)

b) Um tédio total. Você não entende que graça pode haver em ficar o dia todo à beira d'água em silêncio profundo, esperando que um peixe morda a isca. (5 pontos)

c) É legal de vez em quando. Principalmente quando você está precisando descansar, relaxar. Mas ir ao cinema com amigos também seria uma boa opção. (3 pontos)

4. Como você se comporta quando está solucionando uma questão difícil de matemática?

a) Resmunga ou fala sozinho/a o tempo todo porque isso o/a ajuda a resolver o problema. (5 pontos)

b) Concentra-se no problema em silêncio, tentando encontrar a solução. Mal percebe o mundo à sua volta. (0 ponto)

c) Tenta resolver o problema durante algum tempo. Se não encontra a solução, pede ajuda a alguém. (3 pontos)

5. Você acha incômodo sentar-se com um grupo e passar longos períodos de silêncio entre os assuntos?

a) Não. (0 ponto)

b) Depende da situação. Algumas vezes pode ser maravilhoso; outras vezes, muito deprimente. (3 pontos)

c) Sim, porque sempre fica com a impressão de que há algo errado. (5 pontos)

6. Seu chefe lhe oferece uma nova área de trabalho. Você lhe pede uma hora para pensar e então:

a) Liga imediatamente para seu parceiro ou sua parceira para discutir as vantagens e desvantagens. Talvez também converse com alguns colegas de trabalho, se ainda estiver em dúvida. (5 pontos)

b) Pensa bem sobre a oportunidade e pede conselhos a alguém, se não tiver chegado a uma conclusão. (3 pontos)

c) Liga a secretária eletrônica, fecha a porta e pede que os colegas de trabalho não o/a incomodem durante uma hora. E então reflete sobre a proposta, avaliando todas as possibilidades cuidadosamente. (0 ponto)

7. Quando está assistindo a um filme emocionante na televisão, você:

a) Presta atenção, mas não tem problemas em dar um breve telefonema ou em conversar. (3 pontos)

b) Concentra-se totalmente no filme. Não atende o telefone, não conversa com ninguém e não faz nenhuma outra coisa, caso contrário não consegue acompanhar a história e depois se aborrecerá com isso. (0 ponto)
c) Pode ler o jornal, fazer várias outras coisas, dar alguns telefonemas ou conversar com alguém e, ainda assim, acompanhará perfeitamente a história do filme. (5 pontos)

8. Qual a função das conversas?

a) São essenciais para estabelecer relacionamentos e manter amizades. (5 pontos)
b) Servem, sobretudo, para transmitir fatos e informações. (0 ponto)
c) Depende das circunstâncias, mas basicamente ambas as respostas acima. (3 pontos)

9. Se algo o incomoda, você:

a) Tem de falar sobre isso com alguém imediatamente, caso contrário o problema o/a perseguirá o dia inteiro e você não conseguirá pensar em mais nada. (5 pontos)
b) Depende da quantidade de coisas que você tenha de fazer e da gravidade do problema. Você tenta resolver sozinho/a ou conversa com alguém. (3 pontos)
c) Consegue facilmente se desligar do problema por algum tempo até que possa ou queira pensar mais a respeito. (0 ponto)

10. Você está jantando com seu parceiro ou sua parceira em seu restaurante italiano favorito. Vocês permanecem em silêncio a maior parte do tempo. O que você pensa?

a) Depende se houve ou não algum desentendimento antes. Às vezes é bom ficarem juntos em silêncio. (3 pontos)
b) Nada de mais. Aprecia a comida e a companhia e se deixa levar por seus pensamentos. (0 ponto)

c) Fica se perguntando se o/a parceiro/a está irritado/a com você ou se não o/a ama mais. (5 pontos)

Avaliação: O grande teste do bom ouvinte

Compare suas respostas às do parceiro ou da parceira e observe com que freqüência elas são:

a) iguais;
b) parecidas;
c) contrárias.

Para cada resposta igual, conte cinco pontos; cada resposta parecida vale três pontos; e as contrárias valem zero. Perguntas não respondidas valem zero.

Número de respostas iguais multiplicado por 5	=	____
Número de respostas parecidas multiplicado por 3	=	____
Número de respostas contrárias multiplicado por 0	=	____
Total de pontos:		

75 a 65 pontos

Vocês têm um relacionamento excelente. Os pontos mostram que vocês conseguem não apenas conversar, mas que ouvem com atenção um ao outro. Uma boa comunicação é a melhor base para um relacionamento duradouro.

64 a 45 pontos

Volta e meia vocês enfrentam problemas de comunicação, porém encontraram um modo de conversar e escutar um ao outro. Se ambos estão satisfeitos com o atual estado das coisas, não precisam mudar nada. Se há alguma insatisfação, podem tentar encontrar um modo de melhorar a situação.

Menos de 45 pontos

A comunicação não é o forte entre vocês. Ou vocês se conhecem há pouco tempo e ainda não estão bem familiarizados um com o outro, ou então deveriam (re)ler nosso primeiro livro, *Por que os homens fazem sexo e as mulheres fazem amor?*, assim que possível. Ele vai ensiná-los a se comunicar melhor.

Avaliação: Sua necessidade de conversar

Some seus pontos e leia a seção correspondente abaixo.

50 a 40 pontos

É provável que você seja mulher ou gay, pois sua necessidade de conversar é considerável. Mesmo ao final de um longo dia, geralmente ainda não preencheu sua cota diária de "palavras" e, portanto, ainda precisa falar bastante. Isso é ótimo se seu parceiro ou sua parceira sente a mesma coisa. Caso contrário, tenha cuidado para não esperar demais dele/dela e acabar por irritá-lo/a ou fazê-lo/a perder a paciência. "Só preciso de um pouco de silêncio e tranqüilidade", ele/ela vai pensar. Demonstre que tem consideração por ele/ela. Se for um homem, lembre-se de que é um caçador e perseguiu "a comida" o dia inteiro para garantir a sobrevivência da família. Tudo o que ele deseja é descansar junto ao fogo. Mas isso não significa que não esteja interessado em você ou que haja algo errado.

39 a 15 pontos

Ou você é uma mulher com pouca necessidade de conversar ou um homem que gosta mais de conversar do que os homens em geral. Sua necessidade de conversar é determinada pelo que aconteceu à sua volta, e isso varia de dia para dia.

Desde que você consiga demonstrar isso para seu par e este saiba como lidar com a situação, será positivo para o relacionamento.

Numa relação, os parceiros devem discutir suas diferentes maneiras de se comunicar. Os homens precisam saber que, quando uma mulher fala, ela quer apenas desabafar e receber solidariedade. Ela não espera que lhe apresentem soluções. As mulheres precisam entender que, quando um homem não fala, isso não significa que algo está errado.

Menos de 15 pontos

Você deve ser homem, pois tem muito pouca necessidade de conversar. Valoriza os momentos de paz e silêncio em que não precisa pensar em nada.

Seria ótimo se sua parceira pensasse da mesma forma, mas as mulheres normalmente gostam de falar bastante. Como já dissemos, o cérebro feminino está estruturado para falar e usar a fala como modo principal de expressão, portanto não considere isso um defeito – este é um dos pontos fortes dela. Boa notícia para os homens: a maior parte do tempo ela não espera que você responda, apenas que ouça. Ao terminar de falar, a mulher sente-se aliviada e feliz. Além disso, ela o considerará um homem maravilhoso por ouvi-la, e você provavelmente terá uma excelente noite!

Capítulo 2

Habilidade espacial

Saber o quê e onde

Saber ler mapas e localizar-se depende da habilidade espacial. Tomografias cerebrais indicam que na maioria dos homens e garotos a habilidade espacial está localizada na parte frontal do hemisfério direito e é uma das mais fortes habilidades masculinas. Ela se desenvolveu desde épocas antigas, a fim de permitir que os caçadores calculassem os movimentos e a distância da presa, a velocidade com que teriam de correr para alcançar o alvo e quanta força seria necessária para matar a presa com uma pedra ou uma lança.

Nas mulheres, a habilidade espacial está localizada em ambos os hemisférios, porém sem uma localização específica mensurável, como ocorre nos homens. Somente 20% das mulheres possuem uma habilidade espacial boa ou ótima, e em torno de 80% têm uma habilidade espacial restrita, se comparada à masculina.

A habilidade espacial é a capacidade de visualizar, mentalmente, a forma dos objetos, suas dimensões, coordenadas, proporções, movimentos e geografia. Também envolve a capacidade de desviar-se de obstáculos e ver as coisas de uma perspectiva tridimensional. Nos homens, tais funções cerebrais estão localizadas em pelo menos quatro áreas do hemisfério direito.

Isso significa que as mulheres normalmente não se saem muito bem em atividades que envolvam habilidade espacial, e que é pouco freqüente que desempenhem profissões que a requeiram, como controlador de tráfego aéreo, engenheiro e piloto de corrida.

Os testes a seguir lhe dirão se suas habilidades espaciais e de orientação são boas ou não e se você se enquadra nos clichês sobre homens e mulheres.

Teste sua habilidade espacial

O teste a seguir requer as mesmas habilidades necessárias para ler um mapa ou guia de ruas, aterrissar um avião ou caçar um búfalo.

Seu cérebro deve visualizar a imagem em três dimensões e então girá-la para encontrar o ângulo correto.

Teste 1

Imagine que o desenho abaixo esteja impresso numa cartolina. Se você o dobrasse nas linhas, formaria um cubo com símbolos em todos os lados. Se o lado com a bola ficar à direita e o do quadrado à esquerda, qual das opções abaixo é a correta?

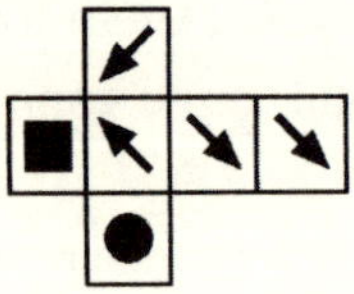

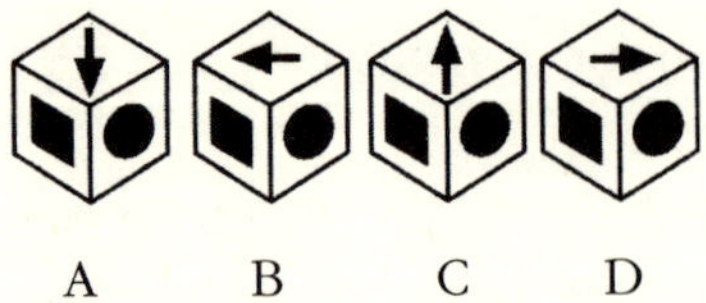

Teste 2

Agora apresentamos uma versão mais complexa do teste, que exige que seu cérebro visualize ainda mais rotações.

Imagine que o desenho foi feito em cartolina e que você o dobrou formando um cubo. Com qual das opções ele se pareceria?

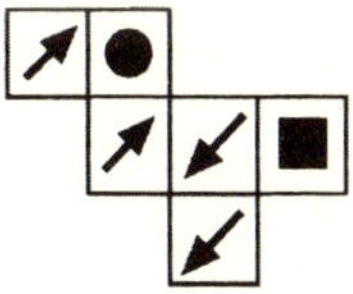

A B C D

Além dos testes anteriores, você pode usar palitos de fósforo para testar suas habilidades espacial e lógica. Veja os exemplos a seguir:

Teste 3

Como formar três quadrados a partir destes quatro, sem retirar nenhum palito?

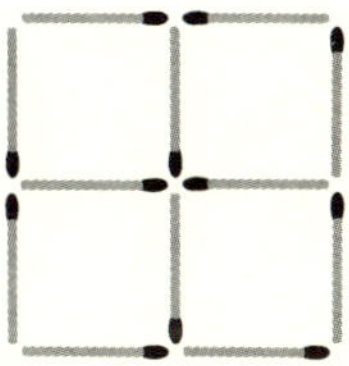

Teste 4

Agora, remova três palitos do último teste e forme três quadrados com os restantes.

Teste 5

Como formar três triângulos equiláteros com seis palitos?

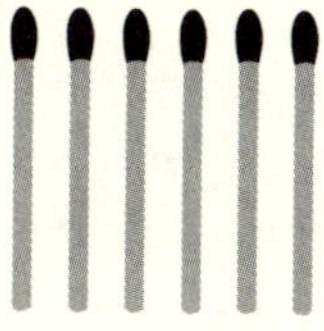

Teste 6

Na figura a seguir, 13 palitos formam seis áreas com o mesmo tamanho. Retire um palito e reagrupe os palitos remanescentes de modo a formarem novamente seis áreas de igual tamanho.

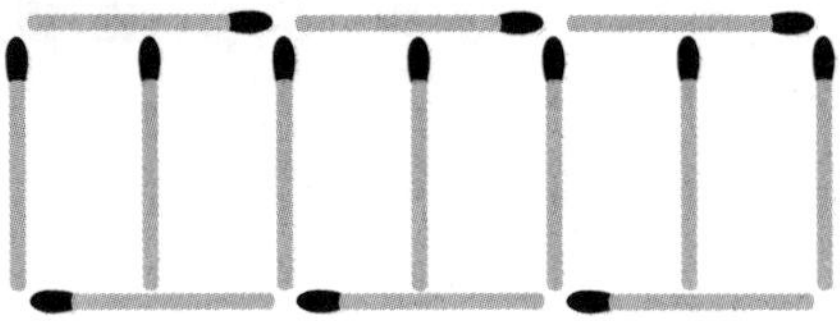

Teste 7

Na figura seguinte, seis palitos formam cinco quadrados. Mova dois palitos de modo que restem apenas três quadrados.

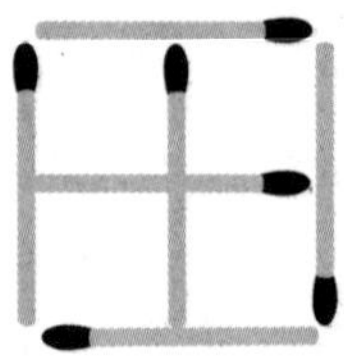

Teste 8

Use 12 palitos para formar uma figura com 12 ângulos retos.

Se você não conseguir solucionar um problema imediatamente ou não tiver certeza de ter formado a figura correta, não olhe as respostas. Não desista facilmente, persista um pouco mais. Tente novamente no dia seguinte – vale a pena!

Teste sua capacidade de ler mapas e sua habilidade de orientação

Como a teoria vale pouco sem a prática, agora vamos testar o uso que você faz de sua habilidade de orientação e sua capacidade de ler mapas em situações cotidianas. Na primeira parte você terá de analisar e calcular sua habilidade. Na segunda, você precisará de conhecimentos e senso de orientação para encontrar a resposta certa.

Parte 1

Nas perguntas a seguir, assinale a resposta que mais se aproxima do seu comportamento nas situações descritas.

1. Você está dirigindo em direção ao sul e precisa encontrar uma determinada estrada no mapa. O que faz?

a) Dá uma olhada rápida no mapa e sabe imediatamente que direção tomar.

b) Observa o mapa em silêncio por alguns minutos, vira-o de cabeça para baixo de forma que se alinhe com a direção em que está seguindo. Ainda assim tem dificuldade para localizar a estrada.

c) Precisa estudar o mapa com atenção e virá-lo em todas as direções até conseguir encontrar a estrada. Às vezes não consegue e pede ajuda a alguém.

2. Você está numa excursão com um grupo. Andou por toda a cidade a manhã inteira e, então, um de seus companheiros lhe pergunta em que direção fica um castelo que viram. Você:

a) Aponta para o norte sem hesitar e mostra a direção.

b) Lembra-se de que o castelo fica localizado no canto superior direito do seu mapa, mas não consegue indicar a direção certa.

c) Sabe que o castelo fica na parte norte da cidade e, baseando-se na posição do Sol e na sua posição no momento, aponta mais ou menos na direção certa.

3. Você está num estádio assistindo a uma partida de futebol. Num determinado momento, vai comprar algo para comer. Quanto tempo leva para voltar ao seu lugar?

a) Não muito, pois sabe exatamente onde ele fica.
b) Pode levar algum tempo, porque é provável que erre o caminho de volta e se perca por alguns instantes.
c) Se você se lembrar da seção onde estava sua cadeira, voltará ao seu lugar facilmente.

4. Você comprou um aparelho de DVD e vídeo e quer programá-lo de acordo com as instruções. Consegue fazê-lo na primeira tentativa?

a) Claro que sim!
b) Não, em algum momento terá de fazer uma pausa ou talvez desista.
c) Leva algum tempo e precisa ler as instruções várias vezes, mas geralmente consegue.

5. Você esqueceu o guia de ruas em casa, mas avista um mapa exposto ao público no centro da cidade que mostra a localização da rua que procura. Você:

a) Dá uma olhada rápida no mapa e depois consegue encontrar o caminho certo com facilidade.
b) Tenta se lembrar do caminho visto no mapa, mas depois de andar duzentos metros você o esquece.
c) Precisa observar o mapa durante certo tempo a fim de memorizar o caminho. Para orientar-se, toma como referência edifícios de destaque (como igrejas e o prédio da prefeitura) e isso funciona.

6. Você tirava boas notas em matemática na escola?

a) Sim, e adorava as aulas.
b) Não, suas notas eram péssimas, sobretudo em geometria.
c) Mais ou menos. Tinha facilidade em algumas partes e dificuldade em outras.

7. Você se perdeu e pede ajuda a uma pessoa que passa. Ela explica rapidamente. Você consegue chegar ao seu destino?

a) Sim, porque gravou as palavras na memória.

b) Não, porque logo depois esquece da orientação que recebeu.

c) Geralmente sim, mas se a explicação tiver sido muito complexa terá dificuldade.

8. Se estivesse numa sala sem janelas, saberia dizer onde fica o norte?

a) Sim, facilmente.

b) Não, nunca.

c) Provavelmente, se tivesse algum tempo para pensar.

9. Você está se mudando. A empresa de mudanças quer saber onde colocar o aparador na sala de jantar. Você:

a) Olha para o aparador e sabe imediatamente se ele caberá no espaço próximo à porta da cozinha.

b) Mede cuidadosamente o aparador e anota as medidas, pois irá esquecê-las até chegar em casa. Depois mede o espaço próximo à porta da cozinha.

c) Olha demoradamente o aparador e tenta se lembrar do tamanho da sala de jantar. Se sentir insegurança, passa a tirar medidas ou usa os braços para medir o espaço, e os quadris para medir a altura.

10. Você deixa o carro no estacionamento de vários andares de um grande shopping. Consegue encontrar facilmente o carro ao voltar?

a) Sem problemas, nem precisa pensar onde o carro está estacionado.

b) Não, provavelmente terá de circular por diversos andares até encontrá-lo.

c) Você se lembra do andar, mas talvez siga na direção errada.

Parte 2

1. Qual das ilustrações a seguir retrata corretamente a Itália?

2. Você está viajando por uma estrada na Inglaterra, indo de Hull, no leste, para Liverpool, no oeste. Se quiser fazer um desvio para Londres, no sul, deve virar à direita ou à esquerda?

a) À direita.

b) À esquerda.

3. Você está dirigindo por uma estrada de quatro pistas em direção ao norte. Deseja virar à esquerda, mas isso não é possível. Vira à direita na primeira saída e vira novamente à direita. Infelizmente, nessa altura você tem de virar à esquerda, pois se depara com uma rua sem saída. Em que direção está dirigindo agora?

a) Norte.

b) Leste.

c) Sul.

d) Oeste.

4. Este mapa mostra o Reino Unido e a Irlanda. Onde fica o norte? Assinale na bússola.

5. Que país esta ilustração retrata? E o que ela tem de especial?

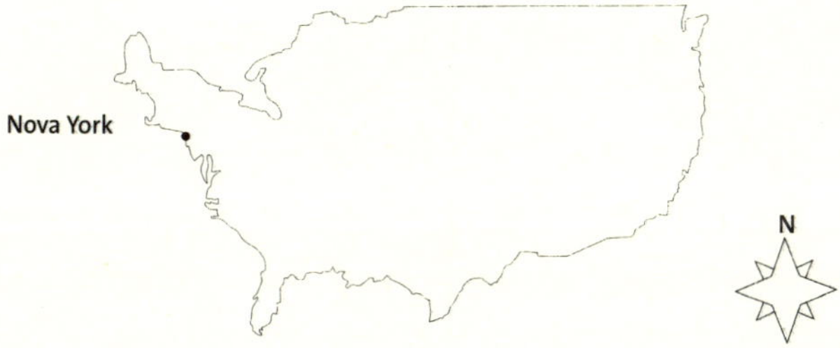

6. Você está dirigindo em direção ao sul. Primeiro, vira à direita; depois, à esquerda. Após uma curva de 90° para a direita, você vira à esquerda duas vezes e chega ao seu destino. Em que direção você estará olhando se olhar para o espelho retrovisor do carro?

a) Norte.

b) Leste.

c) Sul.

d) Oeste.

7. Temos aqui uma ilustração do mapa do Brasil. Marque a localização da capital, Brasília.

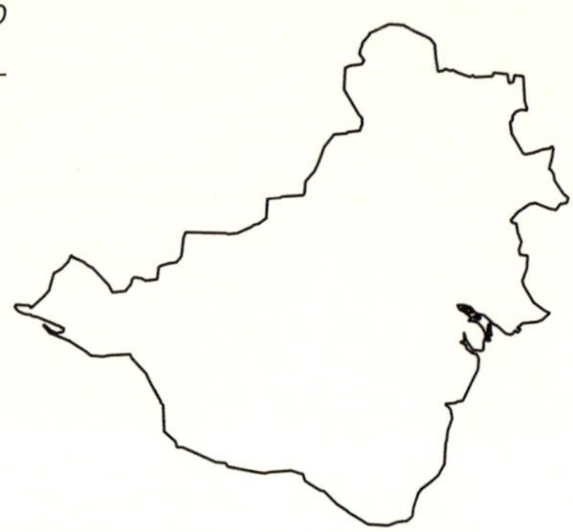

8. Você está visitando amigos em Madri. Está de pé numa varanda, olhando para o leste na direção de Granada. Barcelona fica ao norte, portanto está à sua direita ou à sua esquerda?

a) À direita.

b) À esquerda.

9. Qual das ilustrações mostra a África na posição certa?

a

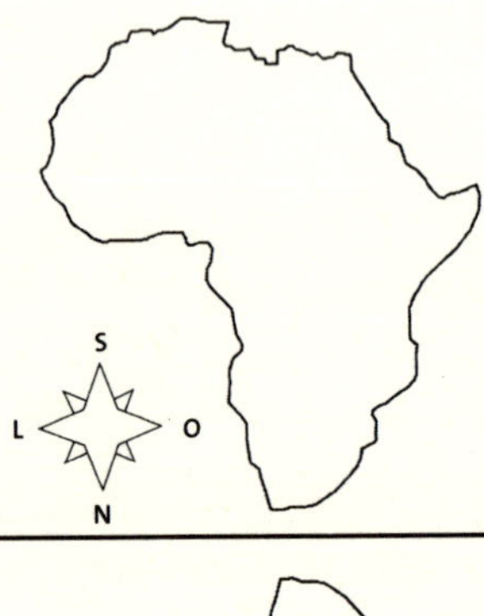

b

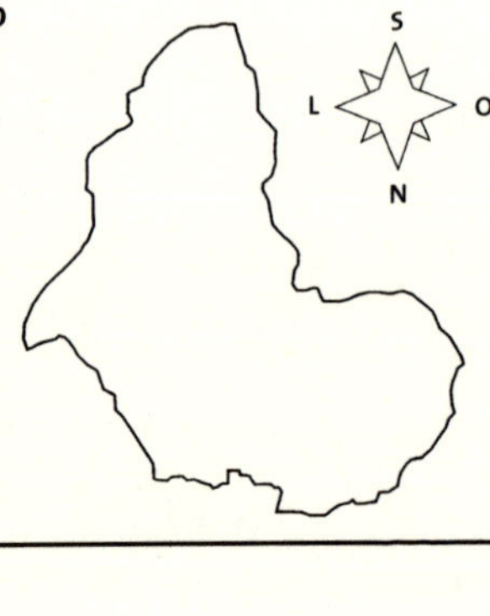

c

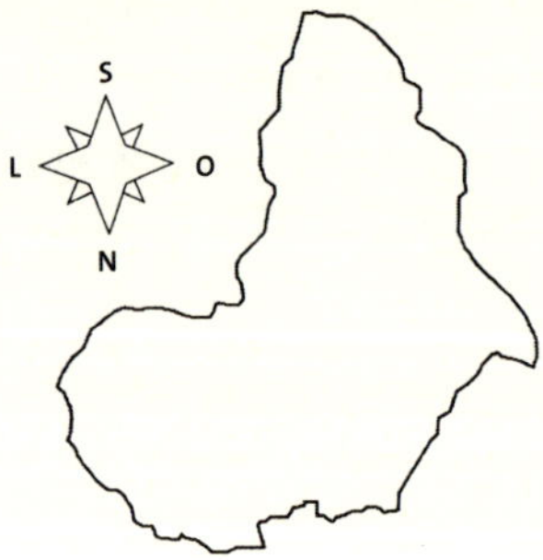

10. Você está dirigindo em Malta, pelo lado esquerdo. Vindo do norte, você vira à direita. No terceiro entroncamento, vira à esquerda e estaciona de marcha a ré, de modo que seu carro fica com a traseira junto ao meio-fio. O capô do carro está virado em que direção?

a) Norte.

b) Leste.

c) Sul.

d) Oeste.

Respostas: Teste sua habilidade espacial

Compare as soluções que encontrou com as respostas a seguir. Se tiver acertado todas as perguntas, sua habilidade espacial é excelente. Apenas algumas respostas erradas ou em branco indicam muito boa habilidade. Aqueles que só acertaram algumas ou erraram todas possuem pouca habilidade espacial.

Teste 1 **B**

Teste 2 **A**

Teste 3

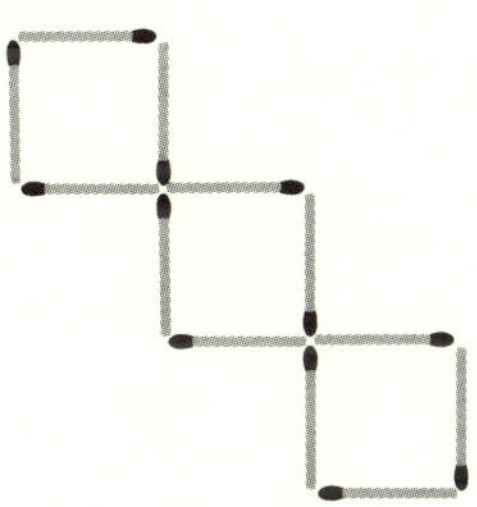

Teste 4

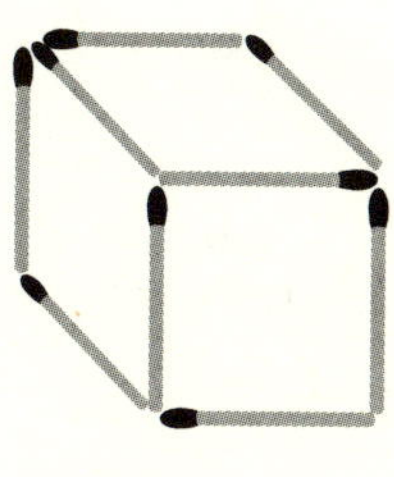

Teste 5

Os três palitos no triângulo de base têm de se encontrar no meio e formar uma figura tridimensional.

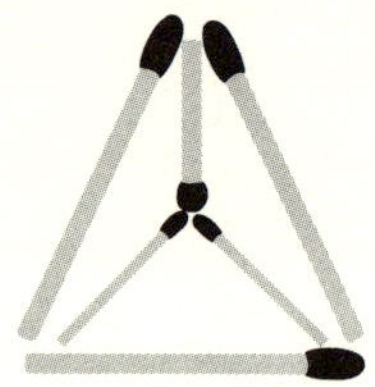

Teste 6

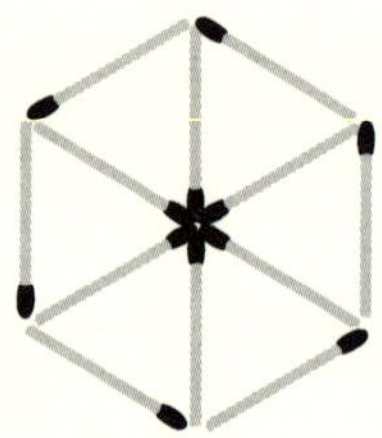

Teste 7

Ao mover os dois palitos, você forma três quadrados (e dois retângulos).

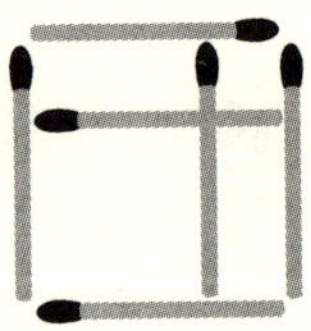

Teste 8

A figura deve ficar assim:

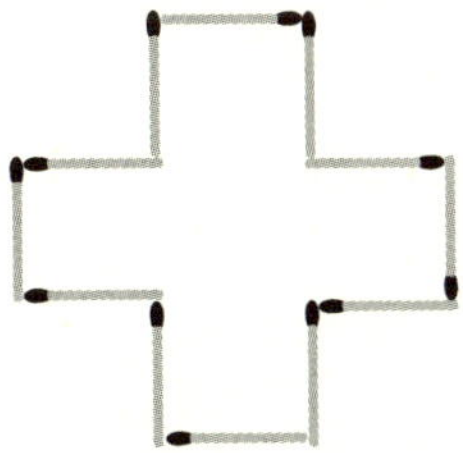

Respostas: Teste sua capacidade de ler mapas e sua habilidade de orientação

Parte 1

Primeiro, some o número de respostas **a**, **b** e **c**. Depois, consulte a tabela abaixo para chegar ao resultado final.

Mulheres:

Número de respostas **a** multiplicado por -5 = ____

Número de respostas **b** multiplicado por 15 = ____

Número de respostas **c** multiplicado por 5 = ____

Total de pontos:

Homens:

Número de respostas **a** multiplicado por -5 = ____

Número de respostas **b** multiplicado por 10 = ____

Número de respostas **c** multiplicado por 5 = ____

Total de pontos:

Se não conseguiu responder a nenhuma pergunta, conte cinco pontos.

A maioria dos homens obterá uma pontuação entre 0 e 180, e a maior parte das mulheres, entre 150 e 300. As pessoas que possuem uma habilidade média ou têm pouca habilidade espacial marcam entre 150 e 180 pontos. Lembre-se de que existem sempre exceções à regra.

Um homem com boa habilidade espacial normalmente completa menos de 150 pontos. Quanto mais próximo de zero for o resultado, melhor. Uma mulher com pouca habilidade espacial geralmente completa mais de 180 pontos. Quanto mais alta a pontuação, menor a habilidade. Pontuações entre 150 e 180 demonstram um pensamento compatível com ambos os sexos e grande flexibilidade de pensamento.

Parte 2

Compare suas respostas com as listadas abaixo. Use os mesmos critérios de avaliação da Parte 1.

1. **b**

2. **b**

3. **b**

4.

5. É a imagem do mapa dos Estados Unidos refletida num espelho.

6. **d**

7.

8. **b**

9. **b**

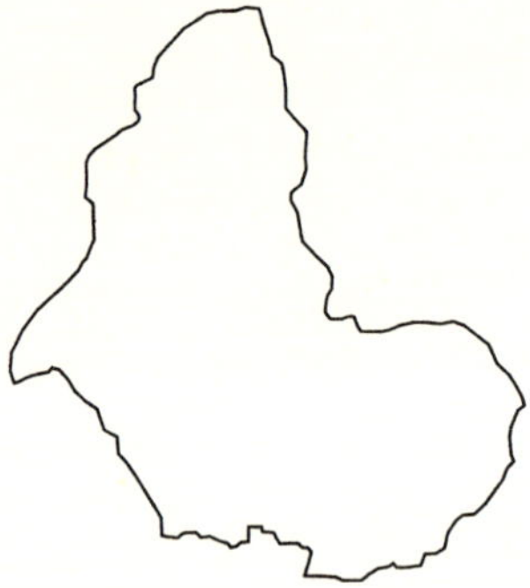

10. **d**

Avaliação: Sua habilidade espacial, capacidade de ler mapas e habilidade de orientação

Se você é mulher e obteve um resultado ruim, não se preocupe. Se é homem e obteve bons resultados, não fique convencido.

Do ponto de vista evolucionário, ser capaz de caçar animais e de encontrar o caminho de volta para casa nunca fez parte das atribuições femininas. É por isso que hoje muitas mulheres ainda sentem dificuldade para ler mapas e guias de ruas e para se localizar.

A superioridade masculina em relação à habilidade espacial não é novidade, considerando-se a evolução do homem como caçador. Os homens são bons em calcular velocidades, distâncias, posições e direções, e usam essas habilidades inatas para ler mapas e se situar.

A habilidade espacial permite ao homem girar um mapa mentalmente e saber que direção deve seguir. Se ele tiver de retornar ao mesmo local num momento posterior, não precisará ler o mapa, pois consegue recuperar as informações. Os homens, em sua maioria, conseguem ler um mapa mesmo estando voltados em direção ao norte, ainda que o mapa lhes diga para seguir para o sul. Estudos demonstram também que o cérebro masculino mede a velocidade e a distância para saber quando mudar de direção.

É comum as mulheres terem dificuldade em usar mapas para se orientar, pois precisam de uma perspectiva em três dimensões. Os homens conseguem transformar um mapa bidimensional numa imagem tridimensional mentalmente, mas a maioria das mulheres enfrenta problemas para fazê-lo. Mas, se tiverem nas mãos um mapa tridimensional, as mulheres melhoram significativamente a habilidade de orientação.

Você pode aperfeiçoar sua habilidade espacial?

Em uma palavra: sim. Você pode praticar continuamente atividades que requerem habilidade espacial até que seu cérebro desenvolva conexões suficientes para desempenhar tais tarefas. Trata-se, porém, de um trabalho árduo. Já está demonstrado que a prática e as repetições ajudam a criar de forma permanente mais conexões cerebrais para desempenhar determinada tarefa.

Aprender – e praticar – a leitura de mapas pode aumentar consideravelmente sua capacidade de consultá-los, assim como praticar piano diariamente torna alguém um pianista melhor. No entanto, a prática constante é necessária para manter um nível razoável. Se o pianista ou o leitor de mapas deixar de praticar, a habilidade diminuirá rapidamente e levará mais tempo para ser recuperada do que nas pessoas cujo cérebro é estruturado para desempenhar essa tarefa.

Estratégias alternativas

Se esses métodos parecerem muito difíceis, talvez valha a pena pensar em estratégias alternativas. Quando os homens deixarem de pedir às mulheres que encontrem o caminho no mapa, a vida de todos se tornará mais feliz. Quando as mulheres, por sua vez, pararem de criticar os homens pelo modo como dirigem, haverá menos discussões. Cada um de nós tem talento em determinadas áreas, então não sermos bons em alguma coisa em especial não é motivo para preocupação. Você pode sempre melhorar com a prática, mas não permita que qualquer limitação estrague sua vida ou a de quem está com você.

Para ter uma vida feliz como homem, nunca insista para que uma mulher leia um mapa ou um guia de ruas. E, como mulher, deixe-o encontrar o caminho da próxima vez – basta isso!

Capítulo 3

Estacionar e dirigir

Cada um faz o que pode

Ao dirigir um carro, vêm à tona as diferenças entre homens e mulheres quanto à habilidade espacial, seja porque as mulheres são piores ao estacionar e ler mapas, seja porque os homens se recusam a pedir informações quando estão perdidos.

Qualquer marido que ensine a esposa a dirigir estará se candidatando a um processo de divórcio. O objetivo da mulher ao dirigir é se deslocar em segurança de um local para outro, e ela não tem nenhuma outra pretensão. A melhor estratégia do homem que está no carro como carona é fechar os olhos, ligar o rádio e parar de fazer comentários, porque as mulheres em geral são mais prudentes na direção do que os homens. Ela o levará ao local de destino – só irá demorar um pouco mais. Pelo menos ele pode relaxar, sabendo que chegará vivo.

As mulheres criticam a forma de os homens dirigirem porque a habilidade espacial deles permite que tomem decisões que a elas parecem perigosas. Desde que ele não tenha um histórico negativo, ela também deve relaxar e não criticar, deixando que ele cuide da direção.

À primeira vista

Se lhe pedissem que olhasse para carros estacionados na rua, você saberia dizer quais deles foram estacionados por homens e quais por mulheres? Saberia dizer, pelo modo como o carro à sua frente se desloca numa estrada sinuosa, se é um homem ou uma mulher que está ao volante? Temos certeza de que sim, e na maioria dos casos você o fará à primeira vista.

Agora, coloque-se à prova respondendo às perguntas sobre dirigir e estacionar. Aqui você descobrirá não só que tipo de motorista você e seu parceiro ou sua parceira são como também saberá detalhes interessantes a respeito do seu comportamento. Lembre-se: para cada fenômeno existe uma explicação. Leia a avaliação com atenção e não se esqueça dela quando a forma de dirigir de seu par tirar você do sério.

O grande teste de dirigir e estacionar

Você provavelmente se lembra do seu primeiro exame de direção. Não se preocupe, não vamos fazer você passar pelo exame de novo para averiguar se sua carteira de motorista foi merecida ou se parece que a ganhou na loteria.

Agora você vai saber se tem um comportamento tipicamente masculino ou feminino ao dirigir, e a avaliação esclarecerá o motivo.

1. Você está dirigindo por uma estrada e começa a chuviscar. Você:

- ☐ Aciona o limpador no máximo assim que cai a primeira gota no pára-brisa. Afinal, você precisa enxergar claramente, principalmente quando está chovendo. (Tipo C)
- ☐ Aciona o limpador de pára-brisa e experimenta as velocidades até que uma se adeqüe à quantidade de chuva. (Tipo A)
- ☐ Espera até que a quantidade de chuva no pára-brisa corresponda à velocidade do limpador e só então o aciona. (Tipo B)

2. Após um dia exaustivo de trabalho, você chega em casa e encontra todas as vagas da rua e das adjacências ocupadas. Você:

- ❑ Dirige pelo quarteirão por um tempo. Afinal, está tocando no rádio uma música de que gosta. Se não encontra vaga, estaciona na calçada, torcendo para que nenhum guarda apareça. (Tipo C)
- ❑ Está morrendo de fome e cansaço, deseja chegar em casa o mais rápido possível e não quer ficar procurando vaga. Você pára junto aos outros carros, abre o jornal e espera que alguém libere uma vaga. (Tipo B)
- ❑ Sabe que parar em linha dupla é proibido. Se for preciso, estaciona a meio quilômetro de casa num estacionamento pago, pois sabe que sempre encontrará vaga lá. (Tipo A)

3. Você está só, dirigindo para visitar amigos que se mudaram recentemente. O que faz ao se dar conta de que se perdeu?

- ❑ Como está só, não tem como consultar o mapa e dirigir ao mesmo tempo. De qualquer maneira, não conseguiria encontrar sua localização no mapa rapidamente. Começa a procurar pedestres e lhes pede informações. As pessoas que residem nessa área certamente conhecem a região melhor do que você. (Tipo A)
- ❑ Assim que possível, você pára no acostamento e dá uma olhada no mapa para descobrir em que ponto tomou a direção errada. Afinal de contas, você quer chegar o mais rápido possível à casa de seus amigos e não quer perder seu precioso tempo rodando à toa. (Tipo C)
- ❑ Em vez de pedir informações, você segue seus instintos e continua indo na direção que acredita ser a correta. Acha que cedo ou tarde vai se localizar. Isso sempre funcionou e seu tanque ainda está quase cheio. (Tipo B)

4. Você chega ao estacionamento do supermercado e ele está lotado. Você vê que há uma vaga na rua e vai até lá de marcha a ré. O que acontece?

- ❑ Seu carro fica distante do meio-fio. Como você só pretende comprar pão, não liga, pois logo estará de volta. (Tipo C)
- ❑ Seu carro fica estacionado à distância ideal do meio-fio, como sempre. (Tipo B)
- ❑ Você precisa fazer três tentativas para colocar o carro na vaga, avançando e recuando algumas vezes até conseguir estacionar corretamente. Decide que da próxima vez vai esperar por uma vaga no estacionamento do supermercado. (Tipo A)

5. Como costuma se comportar como carona?

- ❑ Deixa a outra pessoa dirigir e não faz comentários. Quando o motorista lhe pede para procurar o caminho, você lê o mapa corretamente e o orienta corretamente. Afora isso, não interfere. (Tipo C)
- ❑ Dá instruções do tipo "vire à direita – diminua – troque a marcha – cuidado com o carro da frente – você está vendo o pedestre ali?", pois se sente desconfortável quando não é você quem está dirigindo. Nunca sabe se o motorista irá reagir tão rapidamente ou tão bem quanto você. (Tipo B)
- ❑ Sente um pouco de aflição porque dirige com mais cuidado e teme que o motorista não consiga reagir a tempo em caso de perigo. Você pede algumas vezes que ele não dirija tão rápido e que mantenha uma distância maior dos outros carros. (Tipo A)

6. Você está passeando com o cachorro quando alguém lhe pede informações para chegar à clínica médica mais próxima. Como você descreve o caminho?

- ❑ Embora já tenha visto a placa indicando a direção e até se lembre do nome da clínica, você não sabe em que rua fica.

Para evitar uma atitude indelicada, aponta para a direção de onde veio e diz, quase que se desculpando, com um sorriso: "Acho que é por ali, mas talvez seja melhor pegar um ônibus, pois é longe para ir andando." (Tipo C)

- ❑ Explica o caminho segundo se recorda: "Logo ali, vire à direita. Ou será à esquerda? Bem, na esquina dá para ver uma sapataria e é naquela rua que você deve entrar. Depois de umas cinco casas há um restaurante italiano onde antes havia um cartaz luminoso, mas não há mais. Ainda não é aí. A clínica fica depois do próximo cruzamento, do outro lado da calçada." (Tipo A)
- ❑ Você pensa um pouco e então explica qual o caminho mais curto, fornecendo detalhes precisos: "Ande uns trezentos metros por esta rua, na direção sul, então vire à direita para entrar na rua X. Atravesse a rua no terceiro sinal e ande mais cinqüenta metros. É aí que fica a clínica." (Tipo B)

7. Você está seguindo por uma auto-estrada e é outra pessoa quem dirige. Vocês estão conversando e o rádio toca uma música que está na moda. Pouco antes do próximo cruzamento, o outro lhe pede que procure no mapa qual a saída que devem tomar. Você:

- ❑ Continua falando, mas desliga o rádio antes de dar uma rápida olhada no mapa e explicar o caminho a seguir. (Tipo B)
- ❑ Pára de falar imediatamente, olha demoradamente o mapa e o vira de cabeça para baixo procurando descobrir o caminho. (Tipo A)
- ❑ Cantarola acompanhando a música, bem alto e desafinado, dá uma espiada no mapa, mas se orienta pelas placas da estrada. (Tipo C)

8. Imagine que você faz parte da equipe da prefeitura que irá decidir como deve ser o estacionamento do novo shopping. Em qual votaria?

- ❑ Num estacionamento amplo e planejado, com vagas largas o suficiente para um caminhão, em que se possa não só estacionar como também circular com facilidade. Você não se importa que seja necessário acrescentar algumas pistas, já que não é o seu dinheiro que está sendo gasto. (Tipo A)

- ☐ Num estacionamento com número suficiente de vagas, para facilitar ao máximo a vida dos freqüentadores do shopping. Você sabe, por experiência própria, como são desagradáveis as disputas por vagas numa manhã de sábado. Afinal, você já saiu perdendo mais de uma vez. (Tipo C)
- ☐ Você não se importa nem um pouco com o estacionamento. Nunca encontra dificuldade para estacionar e acha que aqueles que têm problemas deveriam ir fazer compras em outro lugar. Você se preocupa mais com a possibilidade de isenções fiscais para a cidade. (Tipo B)

9. Ao voltar de viagem numa tarde de domingo, você avista uma vaga livre bem em frente à sua casa. Mas a vaga é um pouco apertada. Você:

- ☐ Estaciona assim mesmo, pois não vai perder uma oportunidade dessas. Prefere avançar e recuar algumas vezes a ter de andar mais que o necessário. (Tipo B)
- ☐ Não está a fim de se espremer, então prefere parar na vaga espaçosa que viu no final da rua. Estaciona ali, mesmo sabendo que seus pés vão doer por causa dos sapatos novos que está usando, já que terá de percorrer uma distância bem maior. (Tipo C)
- ☐ Como sabe que o carona terá um ataque de nervos se você não conseguir estacionar direito após a terceira tentativa, acha melhor deixar que ele estacione – assim, pelo menos, você pode ir ao banheiro mais cedo do que imaginava. (Tipo A)

10. Você tem de participar de uma reunião numa cidade onde nunca esteve. A reunião acontecerá num grande centro de convenções e você estará só. Como se prepara?

- ☐ Não se prepara. Sabe que a reunião acontecerá no sul da cidade e tem certeza de que haverá placas suficientes indicando o centro de convenções, pois trata-se de um local conhecido. (Tipo B)

- ❑ Estuda o mapa antes de iniciar a viagem e tenta memorizar o caminho. Durante o percurso, mantém o mapa no banco do carona para poder consultá-lo em caso de emergência. (Tipo C)
- ❑ Pede a alguém que explique o caminho e anota todos os desvios que terá de tomar. Ou imprime uma descrição detalhada pesquisada na internet e a segue à risca, ainda que as placas indiquem um caminho diferente. (Tipo A)

11. Você se aproxima de um cruzamento tarde da noite. Um outro carro já está esperando, parado em frente ao sinal vermelho, com a seta piscando. O sinal verde para os carros que vão virar à direita mal pode ser visto na escuridão. É óbvio que o motorista do outro carro não o viu. Você:

- ❑ Diminui e pára atrás do carro. Se ele não se mover, buzina uma vez e tenta chamar a atenção do motorista para o sinal verde. (Tipo C)
- ❑ Segue em frente, passa para a pista livre, desvia-se do carro parado, fazendo um gesto para mostrar ao motorista o que pensa da forma como ele dirige. (Tipo B)
- ❑ Pára atrás do carro e espera o sinal mudar. Em primeiro lugar, não está com pressa; em segundo, algo semelhante já aconteceu com você. (Tipo A)

12. Você quer ir de carro para o trabalho, mas vê que o carro estacionado diante do seu está tão próximo que você terá dificuldade para sair. Como manobra para sair o mais rápido possível?

- ❑ Gira completamente o volante na direção da calçada e anda de ré o máximo possível, verificando nos espelhos laterais e retrovisor a distância do carro que está atrás. Em seguida, vira o volante completamente na direção contrária e vai em frente. Assim você sai devagar da vaga. (Tipo B)

- ❑ Dá marcha a ré o máximo que pode. Só então gira o volante na direção da pista e avança o mais que pode. Depois vira completamente na direção da calçada e dá marcha a ré. Abre um pouco a porta para conferir a distância até o carro atrás do seu. Por fim, sai da vaga. (Tipo A)
- ❑ Dá marcha a ré até encostar no carro estacionado atrás do seu. Avança fazendo o mesmo. É bom que os proprietários dos outros carros não reclamem, pois foram eles que deixaram o seu trancado. (Tipo C)

13. *Você está na França, a caminho do hotel, dirigindo por uma estrada ensolarada. O carona adormeceu com o mapa na mão e, após tomar alguns desvios, você se perde e não tem certeza de estar na direção certa. Você:*

- ❑ Orienta-se pelo Sol sem dificuldade e logo vê que continua seguindo na direção correta. (Tipo B)
- ❑ Prossegue até ver uma placa, tentando se lembrar do nome da próxima cidade grande. Se não consegue, tenta se guiar pelo Sol e, com certa dificuldade, acaba chegando. (Tipo C)
- ❑ Não tem idéia de onde está e, com um certo remorso, acorda o carona e pede ajuda. (Tipo A)

14. *Você está na estrada e ouve pelo rádio que há um engarrafamento 15 minutos à frente. Pode entrar na próxima saída e seguir por uma estradinha sinuosa para chegar em casa. Você:*

- ❑ Fica feliz ao ver que antes da saída há um posto de gasolina. Como também está precisando encher o tanque e comer alguma coisa, decide aproveitar a situação, parando para comer e descansar um pouco enquanto os outros esperam no engarrafamento. (Tipo C)
- ❑ Sai da estrada principal e segue pela estradinha. Fazendo as curvas em alta velocidade, conseguirá chegar em casa tão rapidamente quanto chegaria pelo outro caminho. (Tipo B)

- ☐ Analisa as possibilidades cuidadosamente. Você não gosta de andar por estradas sinuosas e provavelmente decidirá permanecer na estrada principal, torcendo para que o engarrafamento termine logo. (Tipo A)

15. Você está dirigindo por uma auto-estrada que atravessa a cidade. O carona conta, furioso, os problemas que enfrenta com o chefe e lhe pede conselhos. Você:

- ☐ Diz que no momento não pode lhe dar atenção, pois precisa se concentrar na direção. Oferece-se para telefonar mais tarde e então aconselhá-lo. (Tipo A)
- ☐ Aumenta a distância em relação ao carro da frente e diminui um pouco a velocidade, de modo a poder conversar sobre o problema e olhar para o carona de vez em quando. Não quer correr o risco de sofrer um acidente por causa dele. (Tipo C)
- ☐ Continua como antes e consegue se concentrar tanto no tráfego quanto no problema de seu amigo. Você lhe dá conselhos ao mesmo tempo em que grita para os outros motoristas que não param de mudar de faixa. (Tipo B)

Avaliação: O grande teste de dirigir e estacionar

Agora conte quantas vezes escolheu os tipos A, B e C. Cada resposta vale um ponto. Veja onde somou mais pontos.

Tipo A

Você é sem dúvida um motorista do tipo feminino. Freqüentemente tem problemas para estacionar, especialmente quando a vaga é apertada. Nunca consegue entrar na vaga no ângulo certo e não sabe avaliar o momento ideal para virar o volante para a direita ou para a esquerda. Sua habilidade de orientação também não é das melhores e você se pergunta por quê.

Eis a resposta: enquanto a testosterona melhora a habilidade espacial, o estrogênio, hormônio feminino, a anula. As mulheres possuem uma quantidade significativamente menor de testosterona do que os homens e, por isso, quanto mais feminino o cérebro, pior a habilidade espacial. Por esta razão, as mulheres muito femininas não são muito boas ao estacionar ou ler mapas.

O mesmo acontece quando é necessário descrever um trajeto ou dar direções detalhadas a uma mulher, do tipo "Vá para o norte" ou "Siga na direção oeste por cinco quilômetros", pois essas indicações requerem habilidade de orientação. Em vez disso, forneça pontos de referência como "Passe pela lanchonete tal e siga na direção do edifício com o outdoor do banco tal". A mulher capta essas referências com sua visão periférica e as segue facilmente.

Além disso, as mulheres são motoristas mais criteriosas e prudentes e sempre obedecem às regras do Código de Trânsito. Elas querem apenas ir de um ponto a outro com segurança e conforto.

Tipo B

Você é claramente um motorista do tipo masculino. Graças à sua boa habilidade espacial, não tem problemas em estacionar e até encara as vagas apertadas como apenas mais um desafio. Acha divertido dirigir e gosta de experimentar coisas que testem os limites de seu carro.

Homens adoram dirigir em alta velocidade por estradas cheias de curvas porque podem colocar em prática sua habilidade espacial: marchas, combinações de embreagem e freio, velocidade nas curvas, ângulos e distâncias.

Seu senso de direção e orientação extremamente desenvolvido nunca o decepcionou, porém sua habilidade para a linguagem é inferior à feminina. Isso explica por que tem dificuldade em se concentrar na direção e falar ao mesmo tempo, sobretudo quando o tráfego pesado exige toda a sua atenção. Você desliga o rádio quando precisa se localizar e não murmura enquanto pensa (como muitas mulheres fazem); sua tendência é permanecer em silêncio.

Tipo C

Você não possui características marcantemente femininas nem masculinas quando está na direção, ficando em algum lugar no meio das duas. Possui flexibilidade de pensamento, o que costuma ser uma vantagem, pois lida com os problemas de forma pragmática. Sempre reflete sobre suas ações; por exemplo, quando a vaga em frente à sua casa é apertada, prefere parar na vaga maior alguns metros à frente.

Você não se acanha em pedir informações quando se perde, mas (o que mostra o seu lado masculino), antes disso, tenta se virar sem ajuda.

Pesquisas científicas demonstraram que as mulheres podem aprender a estacionar. Testes em auto-escolas revelam que elas se saem melhor ao estacionar de ré durante as aulas, mas as estatísticas demonstram que seu desempenho é pior na vida cotidiana, e talvez você possa confirmar isso através de sua própria experiência. Tal fato acontece porque as mulheres aprendem mais facilmente uma tarefa e a repetem com sucesso desde que as condições e o ambiente se mantenham os mesmos. No tráfego, contudo, cada situação apresenta uma nova combinação de dados a serem processados, e a habilidade espacial dos homens favorece mais o desempenho da direção.

Capítulo 4

O sexo oposto

Como encontrar o parceiro certo

O amor geralmente começa com a atração, que pode durar algumas horas, alguns dias ou algumas semanas. Em seguida vem a paixão, que dura em média de três meses a um ano, antes de dar lugar ao compromisso. Quando o coquetel de hormônios que nos deixa cegos se aplaca, após 6 a 12 meses de efervescência, passamos a ver o parceiro à luz da realidade, e aqueles pequenos defeitos que achávamos tão encantadores se tornam irritantes. Antes você achava bonitinho quando ele não conseguia encontrar as coisas na geladeira ou vivia perdendo as chaves do carro, mas agora isso lhe dá vontade de gritar. Ele costumava adorar ouvi-la falar a noite inteira sobre cada pequeno detalhe, porém agora começa a achar infernal. Você se pergunta: "Será que vou conseguir viver assim pelo resto da vida? O que temos em comum?"

É possível que não tenham muito em comum nem muitos assuntos para conversar. O objetivo da Mãe Natureza é unir homens e mulheres sob a influência de um poderoso coquetel de hormônios que os leva a procriar e não a pensar. Encontrar o par ideal significa decidir o que desejamos partilhar com alguém a longo prazo, e fazer isso antes que os hormônios nos ceguem. Quando a fase da paixão passar – e ela sempre passa –, vocês conseguirão manter uma relação baseada na amizade e nos interesses em comum? Serão capazes de construir um amor companheiro? Faça uma lista das características e interesses que deseja num parceiro ou numa parceira de longo prazo para saber exatamente quem procura. Um homem pode ter uma lista de qualidades da parceira ideal, mas ao chegar a uma festa poderá ter seu cérebro banhado por testosterona. Buscará então a parceira "ideal" baseado no estímulo hormonal: belas pernas, barriga sarada, bumbum arredondado, seios firmes, e assim por diante. Todas qualidades relacionadas à procriação a curto prazo. As mulheres querem um homem sensível e carinhoso, de torso triangular e personalidade divertida – tudo relacionado à criação de filhos, caça de animais e proteção. Estas são necessidades biológicas de curto prazo e têm pouco a ver com um relacionamento bem-sucedido.

Fazer uma lista das características desejadas para o par ideal numa relação a longo prazo – e tê-la sempre em mente – torna mais fácil agir de forma objetiva em relação a uma nova pessoa da próxima vez que a natureza tentar controlar nossos pensamentos e impulsos com hormônios.

A natureza quer que você procrie com a maior freqüência possível, e para tanto se vale de drogas poderosas. Se você compreender isso e se preparar melhor para escapar das armadilhas, correrá menos risco de sofrer uma desilusão e terá mais lucidez para fazer sua escolha. Ninguém vive feliz para sempre, mas, apesar de dificuldades e percalços, sua chance de ser feliz na relação aumentará expressivamente.

O par ideal

Esteja você vivendo um relacionamento ou ainda buscando o par perfeito, deveria começar esclarecendo quais são seus desejos, sonhos e preferências. Você pode fazer o teste a seguir, só ou com seu par, e comparar os resultados – das duas maneiras será elucidativo.

Este teste é apenas um meio de você aprender a se avaliar e avaliar seus desejos. No primeiro quadrado assinale as qualidades que se aplicam a você, e no segundo, as que considera importantes no parceiro ou na parceira.

1. Aparência ou outros fatores que considera importantes:

- ❑❑ aparência física
- ❑❑ cuidado com a aparência
- ❑❑ mãos bonitas
- ❑❑ peso
- ❑❑ altura
- ❑❑ fumante
- ❑❑ sem barriga nem barba
- ❑❑ nível de escolaridade
- ❑❑ profissão
- ❑❑ sexo bom
- ❑❑ peito
- ❑❑ bumbum
- ❑❑ músculos
- ❑❑ cabelo curto/comprido
- ❑❑ não-fumante
- ❑❑ círculo de amigos/família
- ❑❑ atraente
- ❑❑ olhos bonitos
- ❑❑ confiabilidade

____________________ ____________________

____________________ ____________________

2. Traços de caráter que considera importantes:

- ❑❑ bom humor
- ❑❑ desejo de se comprometer
- ❑❑ espontaneidade
- ❑❑ prática de esportes
- ❑❑ vida social
- ❑❑ personalidade
- ❑❑ inteligência
- ❑❑ empatia
- ❑❑ adaptabilidade
- ❑❑ lealdade
- ❑❑ tolerância
- ❑❑ paciência
- ❑❑ gostar de animais
- ❑❑ flexibilidade
- ❑❑ espírito de família
- ❑❑ independência
- ❑❑ honestidade
- ❑❑ dedicação
- ❑❑ opiniões políticas
- ❑❑ generosidade
- ❑❑ religião
- ❑❑ fidelidade
- ❑❑ reserva
- ❑❑ emoções

____________________ ____________________

____________________ ____________________

3. Outros interesses:

❑❑ viajar	❑❑ comportamento agradável
❑❑ boa comida	❑❑ religião
❑❑ bom vinho	❑❑ cinema
❑❑ férias na praia	❑❑ música
❑❑ férias na montanha	❑❑ cultura
❑❑ literatura	❑❑ carreira/sucesso profissional
❑❑ vida urbana	❑❑ vida no campo/natureza

Acrescente outros:

____________________ ____________________

____________________ ____________________

4. Seus hobbies e passatempos:

____

____

Seu relacionamento está sendo preservado?

Depois de anos, você continua amando seu parceiro ou sua parceira tanto quanto no primeiro dia? Ou o desgaste da convivência cotidiana afetou o relacionamento? Você se sente totalmente confiante ou se pergunta se ainda faz sentido viverem juntos?

Coloque o seu relacionamento à prova. Nossa verificação impiedosa da realidade mostrará se existem problemas. Assinale cada afirmação com a qual concorda.

❑ *Seu relacionamento perdeu o encanto.*

❑ *Vocês não fazem uma viagem por puro prazer há bastante tempo.*

❑ *Seus sentimentos pelo parceiro ou pela parceira diminuíram de intensidade.*

❑ *Vocês raramente dormem juntos.*

❑ *Ultimamente, as fraquezas do parceiro ou da parceira parecem incomodar mais do que antes.*

- ❑ *Vocês saem com os amigos com mais freqüência – cada um com os seus próprios amigos.*
- ❑ *Seu parceiro ou sua parceira critica cada vez mais você diante de outras pessoas.*
- ❑ *Você se sente incompreendido/a com freqüência.*
- ❑ *Há muito tempo seu parceiro ou sua parceira não pensa em algo especial no seu aniversário.*
- ❑ *Vocês discutem cada vez mais por coisas sem importância.*
- ❑ *Ultimamente, seu parceiro ou sua parceira chega em casa tarde e vai direto para a cama.*
- ❑ *Nas discussões, vocês perdoam cada vez menos.*
- ❑ *Às vezes você se sente tratado/a de maneira injusta.*
- ❑ *Vocês já não conversam tanto quanto antes.*
- ❑ *Aos sábados, vocês quase sempre alugam um filme e ficam em casa.*
- ❑ *Vocês quase não fazem carinho um no outro.*
- ❑ *Você admira os/as parceiros/as dos/das amigos/as.*
- ❑ *Seu parceiro ou sua parceira não o/a elogia nem diz algo gentil há bastante tempo.*
- ❑ *Cada vez mais cada um leva sua própria vida.*

O grande teste do romantismo

Você é uma pessoa incorrigivelmente romântica que gostaria de abraçar o mundo inteiro quando está amando e que vê o mundo através de lentes cor-de-rosa? Ou é uma pessoa racional e realista que nunca sentiu o que é "romantismo" e que raramente sai da concha? Este teste vai ajudar a descobrir em que tipo se enquadra.

Assinale as afirmações que melhor se aplicam ao seu caso. Marque apenas uma resposta por pergunta.

1. Qual a sua opinião sobre o tema "sexo e amor"?

- ❑ Sexo é sexo e amor é amor, e em algumas raras ocasiões ambos acontecem ao mesmo tempo. (Tipo C)

- ☐ Amor verdadeiro? Não passa de baboseira sentimentalóide. Não existe amor verdadeiro. (Tipo D)
- ☐ Sexo e amor são inseparáveis. (Tipo A)
- ☐ O sexo é mais satisfatório quando estão envolvidos sentimentos amorosos – mas não deixa de ser bom sem eles também. (Tipo B)

2. O que você considera um final de semana romântico a dois?

- ☐ Pode ser uma viagem romântica a uma cidade, a uma praia ou percorrer uma trilha nas montanhas. (Tipo B)
- ☐ Significa fazer um monte de coisas que você não faria normalmente para agradar ao parceiro ou à parceira, com o objetivo de fazer sexo depois. (Tipo C)
- ☐ Um hotel coberto de neve nos Alpes, com um passeio de trenó ao luar sob um céu estrelado, um romântico jantar à luz de velas e depois ficarem juntinhos em frente à lareira. (Tipo A)
- ☐ Nada de mais, porque significa ficarem apenas os dois a sós. E isso não é certamente seu programa favorito. (Tipo D)

3. Você acha fácil dizer "Eu te amo"?

- ☐ É bem difícil, mas para agradar ao parceiro ou à parceira você diz isso às vezes – geralmente quando o/a outro/a pede. (Tipo C)
- ☐ Claro que sim! Se você ama quem está com você, é bom dizer muitas vezes. (Tipo A)
- ☐ Algo assim não deveria ser dito levianamente. Por isso você só diz às vezes, quando vem do fundo do coração. (Tipo B)
- ☐ Não. Você odeia declarações de amor. (Tipo D)

4. Seu parceiro ou sua parceira pede que você coloque para tocar uma música romântica. O que você escolhe?

- ☐ Na sua casa não se ouve música desse tipo. (Tipo D)
- ☐ Dependendo do seu estado de espírito, pode ser música clássica ou pop, que tenha um significado para ambos. (Tipo B)

- ❑ Um CD que você comprou pensando na outra pessoa e que não ouviria sozinho/a. (Tipo C)
- ❑ Quanto mais sentimental e melosa, melhor. Você quer curtir ao máximo seu estado de espírito romântico. (Tipo A)

5. *O que o casamento significa para você?*

- ❑ É o preço que se tem de pagar para ter sexo com regularidade. (Tipo D)
- ❑ É a realização e o objetivo de todo relacionamento feliz. (Tipo A)
- ❑ Uma instituição repleta de significado que nos permite expressar nosso amor. (Tipo B)
- ❑ Sexo é o preço que se tem de pagar pelo casamento. (Tipo C)

6. *Como você julgaria uma pequena infidelidade?*

- ❑ É uma ruptura imperdoável da confiança e, portanto, motivo para a separação. (Tipo A)
- ❑ Se duas pessoas se amam de verdade e são felizes, nenhuma delas teria motivos para ser infiel. A infidelidade é um sinal de que algo não vai bem no relacionamento. Dependendo da gravidade, pode-se perdoar. (Tipo B)
- ❑ Não é nada de mais. E não tem nada a ver com o parceiro ou a parceira. Às vezes a pessoa precisa variar e um pouco de renovação nunca fez mal a uma relação. (Tipo D)
- ❑ Vale o ditado: "O que os olhos não vêem o coração não sente." Você jamais admitiria a sua infidelidade e prefere não ficar sabendo do que aconteceu com seu par. (Tipo C)

7. *O que você faz se seu parceiro ou sua parceira lhe pedir para expressar mais carinho?*

- ❑ Joga fora o lixo, compra flores, troca o rolo de papel higiênico, lava o carro, busca a roupa na lavanderia ou prepara um prato especial. Pode ser qualquer uma dessas coisas. Para você, todas possuem o mesmo significado. O importante é fazer alguma coisa. (Tipo C)

- ❑ Seu parceiro ou sua parceira jamais diria isso, porque você está sempre fazendo surpresas, como, por exemplo, dar um presente para mostrar o quanto ele/ela é importante para você. (Tipo A)
- ❑ Diz-lhe que muito carinho é coisa de cinema. Se estão juntos, é porque existe amor, e isso basta. (Tipo D)
- ❑ Pede desculpas por ter andado desatento/a ultimamente, pergunta o que gostaria que fizesse e realiza seus desejos logo que pode. (Tipo B)

8. No início do relacionamento, os dias (e as noites) pareciam não durar o suficiente. Vocês passavam o tempo todo de mãos dadas, fazendo carinho um no outro e conversando. Agora estão casados e isso mudou. Qual o motivo?

- ❑ Você não sabe explicar. É seu parceiro ou sua parceira quem parece estar se distanciando sem dizer por quê. Ultimamente, você tem a sensação de que não é amado/a. (Tipo A)
- ❑ A esta altura você já sabe tudo sobre o/a parceiro/a. Por isso não faz mais sentido ficarem conversando horas a fio. (Tipo D)
- ❑ As coisas são assim mesmo; desde que se dêem bem e tudo esteja bem na cama, não há com o que se preocupar. (Tipo C)
- ❑ Você acha uma pena. De vez em quando tenta fazer isso mudar. Mas pensa que provavelmente esse encantamento só acontece na primeira fase do relacionamento e depois de um tempo acaba. (Tipo B)

9. Para você, a paixão é:

- ❑ Nada além de uma artimanha da natureza para garantir que homens e mulheres se unam para procriar. (Tipo D)
- ❑ Algo supervalorizado, já que nunca dura para sempre e em algum momento a realidade nos atinge com força total. (Tipo C)

- ❑ Um dos melhores sentimentos que existem. Numa situação ideal pode até durar pela vida inteira, mesmo que a ciência afirme não ser possível. (Tipo A)
- ❑ Simplesmente maravilhosa e deve ser aproveitada o máximo possível. (Tipo B)

10. Quando você está vivendo uma paixão...

- ❑ Fica andando por aí com um sorriso bobo estampado no rosto, sente-se flutuando e não consegue raciocinar com clareza. (Tipo A)
- ❑ Por mais sérios que sejam, os problemas se tornam insignificantes. Você fica cheio/a de energia e nada estraga o seu bom humor. (Tipo B)
- ❑ Sente-se muito atraído/a pelo/a parceiro/a e pensa nele/nela – em fazer amor com ele/ela – o dia inteiro. (Tipo C)
- ❑ Estar apaixonado/a é apenas sentir uma forte atração física – o que não tem nada de ruim. (Tipo D)

Avaliação: Seu relacionamento está sendo preservado?

Conte o número de afirmações que assinalou.

0 a 5 afirmações

Tudo parece estar bem na relação. No entanto, tome cuidado e não perca de vista os belos momentos da vida cotidiana – mesmo os pequenos detalhes –, pois são eles que tornam o fato de vocês estarem juntos tão valioso. Somente aqueles que sabem apreciar os pequenos momentos de felicidade são capazes de fazer o relacionamento durar.

6 a 14 afirmações

É preciso ter cuidado ao tomar decisões. Abrir o coração numa conversa honesta e esclarecedora sobre o futuro de vocês dois juntos e as opiniões de cada um sobre o relacionamento pode ser o primeiro passo na direção certa. Talvez não seja tarde, e com algumas idéias e propósitos novos vocês possam reconstruir a emoção e o encantamento da relação.

15 a 20 afirmações

Realmente, seu relacionamento não vai bem. Está claro que vocês se distanciaram. É preciso analisar com cuidado se você deseja manter essa relação – nenhum dos dois está fazendo um favor ao outro.

Avaliação: O grande teste do romantismo

Conte quantas vezes marcou os tipos A, B, C e D. Cada resposta vale um ponto. Some os pontos de cada opção e leia em seguida a categoria em que marcou um número maior de pontos.

Tipo A

Você é uma pessoa muito romântica. Só de imaginar um passeio com o/a parceiro/a por uma praia deserta, um jantar à luz de velas, um pedido de casamento à moda antiga, seus olhos ficam marejados e suas pernas, bambas.

Contudo, as idéias românticas às vezes fazem você perder a noção da realidade ou ter expectativas elevadas demais, o que pode ocasionar problemas no relacionamento, sobretudo se seu parceiro ou sua parceira não for muito romântico/a.

Tipo B

Você é uma pessoa romântica, mas tem os pés bem firmes no chão e dificilmente perde a noção da realidade. Trata-se de um equilíbrio bastante saudável e, na maioria das vezes, o/a parceiro/a não o/a decepcionará. Para você o romantismo não está ligado a clichês (caminhar à luz da lua, declarações de amor etc.), tem a ver com o momento, e é exatamente isso que faz com que seja tão especial para você.

Tipo C

Você considera o romantismo um meio para alcançar determinado fim, principalmente se tiver um/uma parceiro/a muito romântico/a. Mas você é mais realista – arrepiar-se de emoção, encher-se de felicidade ante a visão de uma fogueira ou altos níveis de endorfina na presença de um casal de noivos não fazem parte da sua natureza. Mas, se isso deixa seu parceiro ou sua parceira feliz (e poupa discussões), você faz o que for preciso.

Tipo D

Você definitivamente não é uma pessoa romântica e nem tenta disfarçar o fato, pois sabe que não dá para fingir ser o que não é, ainda que por amor ao outro. Na sua opinião, toda idéia de romantismo piegas deveria ser posta de lado. Você acredita que ele não passa de uma estratégia de marketing (o Dia dos Namorados é um exemplo óbvio – deve ter sido inventado por floriculturas ou por fabricantes de cartões), e você não vai cair nessa!

Com opiniões tão radicais, não se espante se de vez em quando tiver de enfrentar discussões acaloradas, especialmente se seu parceiro ou sua parceira for uma pessoa muito romântica.

Como fazer o romantismo fluir

Para aqueles que se saíram mal no teste do romantismo – e é provável que os homens se enquadrem aqui mais do que as mulheres – reunimos seis dicas infalíveis de romantismo que o ensinarão a deixar qualquer mulher caidinha por você.

1. **Prepare o ambiente** – Levando-se em conta a sensibilidade feminina ao ambiente e a alta receptividade de seus sentidos aos

estímulos externos, faz todo o sentido que o homem preste atenção a isso. O estrogênio torna a mulher sensível à iluminação certa: salas com iluminação suave fazem as pupilas se dilatarem, desaparecerem as imperfeições e as pessoas se tornarem mais atraentes. A qualidade da audição feminina faz com que a escolha da música certa seja importante, e um local limpo e seguro é sempre melhor do que um lugar que possa ser invadido por crianças ou outras pessoas a qualquer momento. A insistência da mulher em ter privacidade para fazer sexo explica por que uma das fantasias femininas mais comuns é fazer sexo em público, enquanto a do homem é fazer sexo com uma estranha.

2. **Alimente-a** – Tendo evoluído como caçador da refeição, o homem deveria saber que dar comida a uma mulher desperta nela instintos primitivos. É por isso que levar uma mulher para jantar é algo significativo para ela, ainda que não esteja com fome, pois provê-la de comida significa que você se preocupa com seu bem-estar e sobrevivência. Preparar uma refeição para ela, então, possui um significado ainda mais profundo, pois desperta sentimentos primitivos tanto no homem como na mulher.

3. **Acenda a lareira** – Recolher lenha para acender a lareira e proporcionar calor e proteção tem sido feito pelos homens para as mulheres há centenas de milhares de anos, e estimula o lado romântico da maioria das mulheres. Ainda que se trate de uma lareira a gás que ela poderia facilmente acender sozinha, é preciso que o homem a acenda se quiser criar um clima romântico. A recompensa vem do fato de ter satisfeito as necessidades de sua parceira.

4. **Leve flores** – A maioria dos homens não entende o poder de um buquê de flores. Eles pensam: "Para que gastar tanto di-

nheiro com algo que vai morrer e ser jogado fora em poucos dias?" Para eles faz mais sentido dar de presente uma planta em um vaso, pois, se for cuidada com carinho, vai sobreviver – e ele pode fazer uma boa economia! Mas a mulher não vê as coisas desse modo. Ela quer ganhar um buquê de flores. Após alguns dias, as flores morrerão e serão jogadas no lixo, e isso dará ao homem a oportunidade de comprar outro buquê, e assim por diante, despertando o lado romântico da mulher ao satisfazer suas necessidades.

5. **Leve-a para dançar** – A maioria dos homens tem vontade de dançar, mas muitos deles não possuem os locais necessários em nenhum dos hemisférios do cérebro para sentir o ritmo. Vá a qualquer aula de ginástica aeróbica e observe os homens (se encontrar algum lá) tentando se manter no ritmo. Quando um homem faz aulas de dança, torna-se a sensação das festas para todas as mulheres. O ato de dançar foi descrito como a expressão vertical de um desejo horizontal, e esta é sua história verdadeira: um ritual que evoluiu para permitir o contato físico entre os sexos, conduzindo ao namoro, assim como ocorre entre os outros animais.

6. **Compre bombons e champanhe** – Esta combinação há muito tempo é associada ao romantismo, embora poucas pessoas saibam o motivo. O champanhe contém uma substância química não encontrada em outras bebidas alcoólicas que eleva o nível de testosterona da mulher. O chocolate, por sua vez, contém feniletilamina, que estimula a paixão no cérebro feminino. Uma pesquisa realizada no Instituto de Neurociências de San Diego, na Califórnia, descobriu três substâncias químicas, denominadas N-aciletanolaminas, que se unem a receptores no cérebro feminino causando efeito semelhante ao da maconha. Essas substâncias estão presentes no chocolate escuro e no cacau, mas não no chocolate branco e no café.

E para todas as mulheres que – ao contrário dos parceiros – se descobriram românticas incuráveis ainda resta uma esperança! Use o espaço a seguir para escrever seus desejos e pedidos ao parceiro, e depois deixe o livro aberto nesta página em cima do travesseiro dele. Temos certeza de que pelo menos parte do conteúdo tocará o coração dele.

Querido, eu gostaria que você...

Capítulo 5

Casamento, amor, romantismo e sexo

Formando um casal

Formar um casal tem sido o padrão geral dos seres humanos há milhares de anos. Antigamente, o homem ficava com sua mulher favorita e, se tivesse meios de alimentá-las, com várias outras mulheres, além de ter um sem-número de encontros sexuais por fora. O casamento moderno é algo que surgiu recentemente. Sempre que uma atividade humana é cercada de rituais elaborados e declarações públicas, geralmente é contrária à nossa biologia e tem o objetivo de conseguir que as pessoas façam algo que não fariam espontaneamente.

Isso não quer dizer que o casamento não tenha seu lugar na sociedade moderna, mas é importante compreender sua história e sua relação com a nossa biologia. Resta, porém, uma questão importante a ser respondida: que vantagens os homens obtêm com o casamento? Em termos evolucionários, nenhuma. Um homem é como um galo, impelido a espalhar sua semente genética da maneira mais ampla e com a maior freqüência possível. Ainda assim, a maioria dos homens se casa, e homens divorciados se casam novamente ou vivem em estado pseudomarital. Isso demonstra a notável capacidade da sociedade de reprimir os homens biologicamente promíscuos.

Muitos homens, quando se dirigem ao altar, encaram isso como garantia de satisfação sexual a qualquer tempo. Mas esta expectativa, nunca discutida antes do casamento, é diferente da forma como as mulheres encaram o assunto. Para uma mulher, o casamento é uma declaração ao mundo de que um homem a considera "especial" e pretende manter um relacionamento monogâmico com ela. A fidelidade é uma das maiores prioridades na lista de desejos da mulher, e várias estão dispostas a terminar o relacionamento se o homem for infiel. Muitos homens nunca conseguirão compreender tal diferença. A maior parte acredita que ter um caso não afeta a relação, pois eles não têm problemas em separar sexo de amor em seu cérebro. Já para as mulheres, sexo e amor estão interligados. Por isso, uma relação sexual com outra mulher pode ser sentida como a pior das traições e um bom motivo para pôr fim a uma relação.

Sexo nem sempre significa a mesma coisa

As maiores diferenças entre homens e mulheres surgem quando se trata de sexo, como já se sabe há milhares de anos. Este fato é uma das maiores razões de queixa e de brigas entre casais. Uma velha piada diz que amor é o que uma mulher faz enquanto um homem faz sexo com ela. Mas este é somente um dos vários aspectos que evidenciam as diferenças.

Por exemplo, os homens estão sempre dispostos para o sexo. As mulheres, por sua vez, costumam precisar de um clima e de um lugar propícios. O entusiasmo do forte impulso sexual dos homens possui uma finalidade bastante clara: assegurar a perpetuação da espécie. E ele precisa espalhar sua semente da forma mais ampla e com a maior freqüência que puder. Para que uma mulher sinta desejo, ela precisa se sentir amada, adorada, importante. Eis então o que acontece: o homem precisa de sexo antes de entrar em contato com seus sentimentos. Infelizmente, a maioria das mulheres precisa da expressão dos sentimentos do homem para abrir-se para o sexo. Muitas vezes as mães ensinam às filhas que os homens só querem uma coisa: sexo – mas isso não é completamente verdadeiro. Os homens desejam amor, mas geralmente só chegam a ele através do sexo.

Os homens funcionam como fogões a gás quando se trata de sexo – ficam prontos num instante –, ao passo que as mulheres se assemelham a fornos elétricos – precisam de tempo para se aquecer –, o que costuma gerar conflitos. Os homens também usam o sexo para expressar fisicamente o que não conseguem expressar emocionalmente. São poucos os problemas que o homem não consegue resolver com uma boa relação sexual. Para um homem se sentir realizado sexualmente, ele tem de liberar a tensão. A mulher possui a necessidade oposta – ela precisa sentir uma tensão crescente acumulada durante um longo período, o que requer muita atenção e conversa. Ele quer esvaziar; ela quer preencher. Ao compreenderem essa diferença, os homens se tornam amantes mais atenciosos.

Mas a mulher também precisa compreender por que o homem se levanta após a relação sexual e vai "fazer alguma coisa", como ver televisão, tomar uma providência ou preparar um café. É que o homem precisa se sentir no controle de si mesmo o tempo todo, e durante o orgasmo ele perde o controle temporariamente. Levantar-se para fazer algo dá a ele a sensação de ter recuperado o controle.

É fundamental que os casais tomem consciência dessas diferenças determinadas pela natureza do homem e da mulher para que haja harmonia entre eles. Pode estar na moda dizer que homens e mulheres possuem exatamente o mesmo interesse em sexo, mas não é assim que acontece na vida real.

As prioridades de homens e mulheres são tão opostas que não faz sentido um acusar o outro. Nenhum deles pode evitar, pois foram feitos assim.

Vocês estão preparados para se casar?

Você está pensando em se casar? Ou gostaria de se casar, mas não tem certeza se o relacionamento vai durar? Responda às perguntas a seguir e descobrirá imediatamente se sua relação está construída em bases sólidas, se você pode mergulhar de cabeça na aventura do casamento, se seria melhor aguardar um pouco ou, ainda, se deve reconsiderar sua decisão.

Assinale as afirmações com as quais concorda. É claro que as coisas não acontecem sempre da mesma forma, e que há dificuldades, crises, momentos de afastamento, mas o importante é haver afinidades e disposição de acertar.

- ☐ *Você e seu parceiro ou sua parceira possuem vários interesses em comum e ambos consideram isso algo importante.*
- ☐ *Você sonha em envelhecer ao lado de seu parceiro ou de sua parceira.*
- ☐ *Você preparou sua casa para satisfazer a ambos.*
- ☐ *Vocês riem bastante quando estão juntos.*
- ☐ *Após uma discussão, qualquer um dos dois é capaz de dar o primeiro passo para fazer as pazes.*
- ☐ *Ambos continuam se encontrando com os amigos regularmente.*
- ☐ *Vocês têm expectativas parecidas em relação à vida.*
- ☐ *Estão de acordo sobre ter ou não filhos e quantos.*
- ☐ *Você, na maior parte do tempo, se sente feliz e confiante com seu parceiro ou com sua parceira.*
- ☐ *Vocês pensam da mesma maneira sobre dinheiro.*
- ☐ *Ambos estão satisfeitos com seus respectivos trabalhos e eles são igualmente importantes para vocês.*
- ☐ *Você aceita os limites e fraquezas de seu parceiro ou de sua parceira.*
- ☐ *Você admira o/a parceiro/a e o/a trata com respeito.*

- ❑ *Vocês conhecem as preferências sexuais um do outro e conversam sobre elas regularmente.*
- ❑ *Vocês estão certos de que as crises fortalecem o relacionamento.*
- ❑ *Ambos estão dispostos a ceder.*
- ❑ *Vocês gostam da família um do outro e se importam com elas na mesma medida.*
- ❑ *Seus amigos adoram o seu parceiro ou a sua parceira e vice-versa.*
- ❑ *Ambos admitem suas falhas e sabem ceder.*
- ❑ *Vocês confiam um no outro.*

Desmascarando a infidelidade

Um homem casado, ou numa relação longa, no fundo sempre se mobiliza pensando que os solteiros estão tendo mais sexo e diversão do que ele. Imagina festas alucinantes repletas de solteiros, aventuras, encontros sem compromisso e banheiras de hidromassagem cheias de modelos nuas. Teme estar desperdiçando fantásticas oportunidades. Mesmo que essas oportunidades nunca tenham surgido quando ele era solteiro. Esquece daquelas noites solitárias em que comia sanduíches, dos foras humilhantes que levou das mulheres nas festas diante dos amigos e dos longos períodos sem sexo. Simplesmente não consegue deixar de associar compromisso a perda de oportunidades.

Tais preocupações nem passam pela cabeça das mulheres. Elas não ficam se perguntando o que podem estar perdendo, pois de um modo geral valorizam o que conseguiram. Ao contrário dos homens, as mulheres infiéis não estão em busca de grandes aventuras e encontros eróticos eletrizantes. Embora sempre haja exceções à regra, na maioria das vezes a mulher está se sentindo rejeitada, ou não amada pelo parceiro, e por isso procura num caso extraconjugal a emoção e intimidade de que sente falta.

E quanto ao seu parceiro ou sua parceira? É realmente fiel? Ou há razões para desconfiar dele/dela? É sempre sincero/a ou dá umas escapadas de vez em quando?

Talvez você não conheça seu parceiro ou sua parceira há muito tempo e gostaria de testá-lo/a. Eis aqui a oportunidade de fazê-lo...

Assinale a resposta que melhor corresponde a seu parceiro ou sua parceira.

1. Seu parceiro ou sua parceira é ciumento/a?

- ❑ Sim, bastante. (Tipo A)
- ❑ Não, de jeito nenhum. (Tipo C)
- ❑ De vez em quando, sem exageros. (Tipo B)

2. E você?

- ❑ Sim, bastante. (Tipo A)
- ❑ Não, de jeito nenhum. (Tipo C)
- ❑ De vez em quando, sem exageros. (Tipo B)

3. O que seu parceiro ou sua parceira pensa a respeito da fidelidade de maneira geral?

- ❑ Considera algo muito importante, mas provavelmente perdoaria uma pequena infidelidade. (Tipo C)
- ❑ Para ele/ela, ser fiel é um pré-requisito do relacionamento. (Tipo A)
- ❑ Não foi muito rígido/a em relação a isso nos relacionamentos anteriores. (Tipo B)

4. E quanto a você?

- ❑ Considera algo muito importante, mas provavelmente perdoaria uma pequena infidelidade. (Tipo C)
- ❑ Para você, ser fiel é um pré-requisito do relacionamento. (Tipo A)

- [ ] Não foi muito rígido/a em relação a isso nos relacionamentos anteriores. (Tipo B)

5. Seu parceiro ou sua parceira já mentiu para você?

- [ ] Não, nunca. (Tipo A)
- [ ] Talvez uma mentirinha sem importância, mas eu também já fiz o mesmo. (Tipo B)
- [ ] Sim, mais de uma vez. (Tipo C)

6. Como seu parceiro ou sua parceira demonstra os sentimentos?

- [ ] Diz com freqüência que ama você. (Tipo A)
- [ ] Raramente; quase nunca expressa seu amor com palavras. (Tipo C)
- [ ] Não costuma dizer com palavras, mas demonstra com gestos e atitudes. (Tipo B)

7. Seu parceiro ou sua parceira guarda segredos de você?

- [ ] Não que você saiba. Contam tudo um para o outro. (Tipo A)
- [ ] Sim, e você sofre porque sempre conta tudo para ele/ela. (Tipo C)
- [ ] Certamente tem alguns segredos, mas, desde que não se trate de nada muito importante, você não liga, pois também esconde alguns segredos. (Tipo B)

8. Seu parceiro ou sua parceira gosta de falar sobre os relacionamentos e casos anteriores?

- [ ] Sim, mais do que você gostaria. (Tipo C)
- [ ] Não, nunca, embora você quisesse saber mais a respeito. (Tipo A)
- [ ] Nenhum dos dois fala sobre isso. (Tipo B)

9. É comum seu parceiro ou sua parceira fazer coisas sem contar para você aonde vai e quem vai encontrar?

- ❑ Não, você sempre sabe onde ele/ela está e com quem. (Tipo A)
- ❑ Sim, com freqüência, e sempre fica irritado/a se você faz perguntas. (Tipo C)
- ❑ Você não precisa saber exatamente aonde ele/ela vai e o que está fazendo, pois também não dá satisfações de tudo o que faz. (Tipo B)

10. Você conhece os amigos e conhecidos de seu parceiro ou de sua parceira, inclusive os do sexo oposto?

- ❑ Que você saiba, sim. (Tipo A)
- ❑ Não, apenas alguns. (Tipo C)
- ❑ A maioria deles, e ele/ela também conhece os meus. (Tipo B)

11. Já suspeitou de que seu parceiro ou sua parceira estivesse tendo um caso?

- ❑ Sim, mais de uma vez. (Tipo C)
- ❑ Não, nunca. (Tipo A)
- ❑ Você não dá tanta importância a isso e, de qualquer forma, vocês confiam um no outro. (Tipo B)

12. Seu parceiro ou sua parceira às vezes demonstra muito entusiasmo em relação a artistas de cinema e outras pessoas famosas?

- ❑ Sim, e não esconde o entusiasmo. (Tipo C)
- ❑ Não, ele/ela não faz esse tipo de coisa. (Tipo A)
- ❑ Não exatamente, mas às vezes você também se empolga com alguém. (Tipo B)

13. Seu parceiro ou sua parceira costuma sair de férias sem você?

- ❑ Não, gostamos de passar os melhores momentos do ano juntos. (Tipo A)
- ❑ Sim, com amigos, e isso é importante para ele/ela. (Tipo C)

- ❑ De vez em quando vocês tiram férias separados, se não houver outro jeito. Nenhum dos dois se importa com isso. (Tipo B)

14. Seu parceiro ou sua parceira já o/a traiu?

- ❑ Sim, infelizmente. (Tipo C)
- ❑ Não que você saiba, mas você não está preocupado/a com isso. (Tipo B)
- ❑ Certamente não. (Tipo A)

15. Vocês moram distante um do outro, ou algum de vocês passa muito tempo longe de casa em função de compromissos profissionais?

- ❑ Não. (Tipo A)
- ❑ Sim, mas ambos gostamos disso. (Tipo B)
- ❑ Sim, e nosso relacionamento fica prejudicado. (Tipo C)

Você resiste às pressões?

Homens estressados ingerem bebidas alcoólicas e invadem outros países. Mulheres estressadas comem chocolate e invadem shoppings. Quando estão sob pressão, as mulheres falam sem pensar e os homens agem sem pensar. É por isso que 90% dos presidiários são homens e 90% dos pacientes de terapia são mulheres. Se ambos estão sob pressão, as emoções tornam-se um campo minado.

O teste que se segue avalia sua resistência às pressões. Você saberá sua vulnerabilidade ao estresse e o que causa tensão no relacionamento.

Assinale as respostas que mais se aplicam a você.

1. Você está a caminho do trabalho, mas tem de parar na farmácia para pegar alguns remédios que encomendou. Uma senhora idosa entra junto, passa a sua frente e começa a descrever ao farmacêutico, com riqueza de detalhes, todas as dores que costuma sentir. Como você reage?

- ❑ Sorri e aguarda. Não faz mal perder cinco minutos a mais com a espera. (Tipo A)

- ❑ Sente que vai explodir e exterioriza a raiva fazendo um comentário desagradável antes que isso aconteça. (Tipo C)
- ❑ Se estiver com muita pressa, interrompe a senhora educadamente e explica sua situação. Caso contrário, deixa-a falar à vontade. (Tipo B)

2. Você está preparando uma palestra, tem uma extensa lista de coisas a fazer e possui um tempo exíguo para isso. Sua mãe então telefona para perguntar quando você irá visitá-la novamente. Qual é a sua resposta?

- ❑ Grita e irrita-se com ela por ter telefonado para o local de trabalho depois de você ter avisado que só o fizesse em caso de emergência. Antes de desligar, diz que depois desse telefonema idiota perdeu a vontade de visitá-la. (Tipo C)
- ❑ Conversa com ela por alguns minutos, pois acha que pode dedicar-lhe esse tempo. (Tipo A)
- ❑ Diz que ficou feliz por ela ter ligado, mas que não está com tempo para conversar e telefonará à noite. (Tipo B)

3. É Natal e você precisa passar pelo centro da cidade lotado, pois ainda tem de comprar alguns presentes. Seu parceiro ou sua parceira está junto e vasculha calmamente cada loja por que passam, enquanto você quer apenas se livrar da sua lista. Como você reage?

- ❑ Após meia hora, inicia uma discussão e diz que teria sido melhor ter ido só. (Tipo C)
- ❑ Deixa que ele/ela dite o ritmo, e vocês aproveitam a tarde juntos, comprando os presentes no último minuto. (Tipo A)
- ❑ Sugere que vocês se separem e se encontrem numa lanchonete duas horas mais tarde, pois assim será melhor para ambos. (Tipo B)

4. O que acontece quando você vive sob muito estresse?

- ❑ Sua agressividade se manifesta e sua personalidade fica afetada. (Tipo C)

- ❑ Não deixa que as coisas perturbem você. (Tipo A)
- ❑ Depende da situação, mas você procura administrar da melhor forma a situação. (Tipo B)

5. *Você sente ansiedade com freqüência?*

- ❑ Sim, com bastante freqüência. (Tipo C)
- ❑ Não, isso raramente acontece. (Tipo B)
- ❑ Não, nunca. (Tipo A)

Avaliação: Vocês estão preparados para se casar?

Conte o número de afirmações que você assinalou e leia a seção correspondente a seguir.

0 a 5 afirmações

Você deve reconsiderar a intenção de se casar. Está claro que você e seu parceiro ou sua parceira discordam em muitos pontos. Infelizmente, dessa forma as chances de o casamento durar são pequenas.

6 a 14 afirmações

Dependendo da metade da escala em que você se situa, é melhor ter cautela. Não podemos recomendar que se case sem algumas reservas. Há muitas questões mal resolvidas entre vocês. Pense bem e avalie se realmente quer ficar com essa pessoa; procure esclarecer os mal-entendidos antes de assumir o compromisso.

15 a 20 afirmações

Recomendamos que se case. É lógico que não existe 100% de garantia de tudo dar certo, mas no seu caso os pré-requisitos estão presentes e as chances são muito grandes. Aja de acordo com o ditado "Quem não arrisca não petisca" e parta para os preparativos. Vocês certamente tirarão o melhor proveito do casamento.

Avaliação: Desmascarando a infidelidade

Conte quantas vezes escolheu os tipos A, B e C. Cada resposta vale um ponto. Leia a seção em que tiver obtido mais pontos.

Tipo A

Seu parceiro ou sua parceira sem dúvida pode ser considerado/a fiel, embora nunca se possa ter 100% de garantia. Ele/ela claramente espera o mesmo de você. Contudo, ele/ela às vezes é um tanto possessivo/a e ciumento/a e, em circunstâncias excepcionais, pode passar dos limites.

Tipo B

Vocês têm opiniões muito parecidas sobre relacionamento e fidelidade. Cada um dá ao outro liberdade suficiente e são sempre sinceros e abertos. Estão no mesmo nível e a relação se caracteriza pelo respeito mútuo. O que mais poderiam querer?

Tipo C

Você não pode confiar na total fidelidade do seu par. Ao se apaixonar e enquanto tudo estiver bem no relacionamento, ele/ela não vai pensar em mais ninguém. Mas cedo ou tarde sua necessidade de liberdade será mais forte e aí ele/ela não poderá garantir mais nada.

Avaliação: Você resiste às pressões?

Quando o homem e a mulher estão tentando suportar a pressão ao mesmo tempo, mais facilmente surgem problemas no relacionamento. Primeiro, o homem pára de falar e a mulher fica preocupada com isso. Então, a mulher começa a falar e o homem não agüenta. Para ajudá-lo a se sentir melhor, ela tenta estimulá-lo a conversar sobre o problema, o que é a pior coisa que ela poderia fazer. Ele pede que ela o deixe em paz e se retira.

Por estar sob pressão, a mulher quer conversar sobre os problemas, o que deixa o homem ainda mais irritado. Quando ele se retira para um lugar calmo, ela se sente rejeitada, mal-amada, e procura a mãe, a irmã ou as amigas.

Procure levar em conta essas diferenças nos comportamentos da próxima vez que se sentir frustrado/a ou ofendido/a e não espere que o/a parceiro/a reaja como você reagiria. É o único modo de evitar brigas.

Agora conte quantas vezes escolheu os tipos A, B e C. Cada resposta vale um ponto. Leia a seção em que tiver obtido mais pontos.

Tipo A

Parabéns! Você resiste muito bem ao estresse e raramente se deixa perturbar pelos problemas. Em geral, encara tudo com senso de humor e não permite que filas longas, pessoas antipáticas ou as pressões estraguem seu dia. No entanto, seu parceiro ou sua parceira pode agredi-lo/a *justamente* porque você dificilmente se altera e parece imperturbável.

Tipo B

Acima de tudo, você é uma pessoa equilibrada que sempre tenta manter as coisas em ordem. Você evita as situações estressantes logo no início, e na maioria das vezes isso funciona. Sua organização e forma de controlar as atividades do dia aumentam a possibilidade de evitar os desconfortos. Quando algo ameaça causar estresse, você toma providências imediatamente e se sente muito melhor.

Tipo C

Você está sob pressão constantemente, pois é muito vulnerável à ação dos outros e às circunstâncias, e age de maneira agitada e caótica. Costuma fazer coisas demais ao mesmo tempo e permite que os outros (amigos e colegas de trabalho) o/a sobrecarreguem com mais do que consegue dar conta. Por nunca querer desistir, sejam quais forem as circunstâncias, nem admitir que assumiu mais do que poderia, é vítima permanente do estresse. Isso faz com que se irrite facilmente, o que leva a discussões com seu par. Procure limitar a carga diária ao essencial e nunca desconte seus sentimentos nos outros.

Capítulo 6

A verdade sempre aparece

Tipos de mentira

Existem quatro tipos básicos de mentira: a mentira leve, a mentira benéfica, a mentira maldosa e a mentira enganadora.

A mentira leve faz parte do convívio social e nos impede de magoar ou ofender os outros com a verdade fria, dura e dolorosa. A mentira benéfica é usada por quem tem a intenção de ajudar. Por exemplo, o bombeiro que salva uma criança de uma casa em chamas e mente para ela, dizendo que seus pais estão bem, na realidade procura poupar a criança de um trauma a mais. O médico que mente para o paciente no leito de morte para confortá-lo tecnicamente também está mentindo.

A mentira perigosa é a enganadora, pois neste caso o mentiroso tem a intenção de prejudicar a vítima em proveito próprio. Há duas maneiras principais de mentir de forma enganadora: omissão e falsificação. No caso de omissão, a pessoa deixa de dar informações. Trata-se de um ato intencional, e não acidental.

Mentiras maldosas são contadas para se vingar ou obter uma vantagem. Os artistas famosos, os muito ricos e os políticos são alvos óbvios dessas mentiras em troca de vantagens. Os jornalistas que aproveitam essas histórias e as divulgam na imprensa, mesmo sabendo que são falsas, podem se beneficiar com isso, assim como os rivais nos negócios, na política e na mídia.

As mentiras maldosas e os boatos são muito usados como arma em situações de competição. Esses mentirosos desejam destruir a reputação de suas vítimas, com conseqüências geralmente devastadoras e duradouras.

Uma empresa pode, por exemplo, espalhar informações falsas acerca de dificuldades financeiras de sua principal concorrente.

A forma mais comum de mentira é a usada para se auto-enganar, o que faz com que uma pessoa fume dois maços de cigarros por dia afirmando não ser viciada, ou se convença de que uma sobremesa altamente calórica não irá afetar sua dieta de emagrecimento.

Quanto maior intimidade tivermos com uma pessoa, mais difícil será mentir para ela, por causa das emoções em jogo. Um homem, por exemplo, terá dificuldade em tentar mentir para a esposa que ama, mas pode não ter nenhuma em mentir para um inimigo. Eis o segredo do mentiroso patológico: ele não possui qualquer vínculo emocional com ninguém – por isso para ele é fácil mentir.

Quem mente mais?

A maioria das mulheres dirá entusiasticamente que, sem sombra de dúvida, os homens mentem bem mais do que as mulheres. Os estudos e experiências científicas demonstram, contudo, que homens e mulheres se equivalem na quantidade de mentiras. O que varia é o conteúdo. A mulher tende a mentir para fazer os outros se sentirem melhor, ao passo que o homem mente para parecer bem diante dos outros. A mulher mente para garantir a segurança da relação, mas tem dificuldade em mentir sobre seus sentimentos. O homem mente para evitar discussões, mente sobre a própria importância e adora mentir ao contar vantagem sobre feitos de sua juventude.

Essa é a principal diferença entre as mentiras femininas e as masculinas. A mulher mentirá dizendo que alguém ficou muito bem com a roupa nova, embora de fato ache que a pessoa mais parece um saco de batatas. Na mesma situação, o homem se afastará para evitar ter de mentir e somente o fará se o forçarem a emitir sua opinião. Ele dirá que a roupa é "interessante" ou "charmosa", ou mentirá de forma indireta, dizendo algo como "Não consigo encontrar palavras", ou simplesmente dirá que gostou. E quando um homem mente, as mulheres normalmente percebem. Um homem é capaz de dizer que faz parte da diretoria de uma empresa internacional de alimentos quando na verdade possui um serviço de entrega de pizzas de uma marca conhecida.

Fica claro que as mulheres mentem tanto quanto os homens, apenas o fazem de modo diferente. Pelo fato de as mulheres terem uma ampla consciência da linguagem corporal e dos sinais emitidos pela voz, os homens são pegos em flagrante mais facilmente, o que faz com que pareça que mentem com mais freqüência. Na verdade eles não mentem mais, apenas continuam sendo pegos.

Pequeno teste das omissões e mentirinhas leves

Todos mentem. A maioria das mentiras é dita no primeiro encontro, em que todos desejam causar a melhor impressão possível. Na maior parte, as mentiras que contamos são mentiras leves. Elas são contadas para que convivamos sem violência e agressões, já que muitas vezes preferimos ouvir uma verdade um pouco distorcida a ter de enfrentar friamente os fatos.

Qual foi a última vez em que você mentiu? Nunca? Não acreditamos nisso. Pense bem e responda com sinceridade. Bem, talvez você não tenha mentido realmente, mas deixou que alguém chegasse a uma conclusão errada baseando-se no que você disse ou deixou de dizer para não magoar essa pessoa. Talvez tenha sido uma simples mentirinha leve.

Se você tivesse dito a verdade absoluta a todas as pessoas com que teve contato, é bem possível que estivesse vivendo problemas complicados. Se tivesse pronunciado as palavras exatas que lhe passaram pela cabeça, como as pessoas teriam reagido? Uma coisa é certa: a esta altura você teria poucos amigos e talvez perdesse o emprego.

Vamos então conferir. Às vezes você se permite recorrer a uma mentira leve – por conveniência, para não magoar alguém ou para causar uma boa impressão? Ou acredita que deve dizer a todos a verdade absoluta? Para descobrir, assinale as afirmações com que concorda. Nas frases que se referem ao sexo oposto, decida como agiria na pele do outro e assinale as afirmações correspondentes.

- ❑ *Às vezes você omite alguma coisa se acha que vai levar alguma vantagem com isso.*
- ❑ *Você penteia as últimas mechas de cabelo por cima das partes calvas e torce para conseguir fingir que não está calvo.*
- ❑ *Já fingiu uma dor de cabeça ou enxaqueca para desmarcar um compromisso ou evitar o sexo.*
- ❑ *Quando você se atrasa tem sempre pronta uma desculpa convincente.*
- ❑ *Se discute com seu par, você às vezes distorce os fatos para fortalecer sua argumentação.*
- ❑ *Em resposta à pergunta "Como está se sentindo?" você já respondeu "Muito bem", quando na verdade não estava nada bem, mas não queria falar sobre isso.*
- ❑ *Você escreve uma dedicatória carinhosa, exaltando as qualidades de sua mãe, quando na realidade a acha várias vezes injusta e autoritária.*
- ❑ *De vez em quando você gosta de usar salto alto para fazer suas pernas parecerem mais longas.*
- ❑ *Quando perguntam qual é sua idade, você responde com uma evasiva ou diminui a idade.*
- ❑ *Você exagerou um pouco numa entrevista de emprego para causar boa impressão.*

- ❑ *Você elogia o/a novo/a parceiro/a de seu melhor amigo ou de sua melhor amiga, embora pense o contrário.*
- ❑ *Você pinta o cabelo regularmente para tingir os fios brancos e parecer mais jovem.*
- ❑ *Se quiser vender o carro, é possível que você esqueça de mencionar que o motor às vezes vaza óleo.*
- ❑ *Se sua tia lhe desse um vaso horrível de presente, você diria que gostou para não ferir seus sentimentos.*
- ❑ *Ao receber um convite para jantar, você sempre elogia a comida (mesmo que não tenha gostado) para agradar aos donos da casa.*
- ❑ *Ao participar de salas de bate-papo na internet, você nem sempre dá informações totalmente verdadeiras a seu respeito.*
- ❑ *Quando alguém lhe mostrou uma roupa nova, você disse que caía muito bem na pessoa, apesar de tê-la achado horrível.*
- ❑ *Você garante a uma criança que o Papai Noel ou o Coelhinho da Páscoa existem mesmo.*
- ❑ *Você costuma usar maquiagem e já mudou a forma do nariz numa cirurgia plástica.*
- ❑ *Se colocar seu apartamento à venda, talvez não mencione que ele fica ao lado de uma escola barulhenta.*

O mais eficaz teste detector de mentiras

Mentimos por duas razões: para obter uma vantagem ou para evitar a dor. Felizmente, as pessoas em geral sentem-se culpadas, com remorso ou desconfortáveis quando mentem, o que torna possível ao outro descobrir se estão lhe contando a verdade ou não. Com alguma prática, você pode aprender a reconhecer esses sinais de comportamento e a decodificá-los. Em nosso livro *Desvendando os segredos da linguagem corporal*, mostramos isso com mais detalhes.

Mas não existe um teste detector de mentiras absolutamente infalível. Mentirosos experientes demonstram poucos sinais de tensão e são mais capazes de passar no teste do que pessoas honestas que ficam nervosas quando são postas à prova. É por isso que as perguntas e tarefas a seguir são apenas pistas que podem ajudar a desmascarar um mentiroso.

Se seu par é mulher, leia a Parte 1 do teste; se é homem, leia cuidadosamente a Parte 2. Se você é gay, responda conforme o comportamento de seu parceiro: se é mais masculino ou mais feminino do que o seu. Assinale todas as respostas que se aplicam ao seu par nas situações descritas ou em situações semelhantes. Também é possível assinalar mais de uma resposta por pergunta ou nenhuma delas.

Parte 1: Para ser respondida pelos homens

1. Você abre a sapateira ou a área do armário em que três quartos são ocupados pelos sapatos de sua parceira e percebe a presença de um par de sapatos novos. Está claro que sua parceira foi às compras novamente. O que ela diz quando você menciona o fato?

- ❑ Ela diz: "Ah, sim, eu tinha me esquecido completamente de falar desses sapatos. Não são bonitos?", e sorri meio sem graça.
- ❑ Ela tenta desviar do assunto e gagueja: "Ah, esses... Eu... Bem... Comprei-os há séculos... mas nunca cheguei a usá-los."
- ❑ Ela parece ficar irritada e diz, num tom um tanto agressivo: "A Cristiane me emprestou. Você está duvidando de mim?"
- ❑ "Eu me pergunto de onde eles saíram", ela diz, fingindo um ataque de amnésia antes de murmurar: "Não faço a menor idéia."
- ❑ "Foram baratíssimos, uma pechincha, acredite", alega num tom de voz mais agudo do que o habitual.

2. Há algum tempo você suspeita que sua parceira não está jogando tênis com uma amiga quando diz que está. Apesar de não haver motivos para acreditar que ela tem um caso, você pressente que algo está errado. Uma noite, você a encosta na parede e pergunta a respeito. O que acontece?

- ❑ Ela demonstra estar escandalizada: "Eu juro que estou jogando tênis com a Alice." Mas sua voz soa ligeiramente trêmula.
- ❑ Ela exige, indignada, que você telefone para a amiga imediatamente para se assegurar de que ela tem sido absolutamente sincera com você. Ela chega a lhe entregar o número do telefone, mas um de seus olhos está piscando.
- ❑ Nervosa, ela esfrega as mãos, afirmando que tem de fato jogado tênis. E até acrescenta: "Como você pode me acusar assim?"
- ❑ Ela parece absolutamente chocada e diz, surpresa: "Não tenho por que mentir para você." No entanto, evita mais perguntas, alegando que não tem de participar de uma conversa ridícula como essa.
- ❑ Ela fica furiosa e o acusa de a estar jogando nos braços de outro com seu ciúme idiota. Enquanto diz isso, o canto de sua boca se contorce e suas pupilas se contraem ligeiramente.

3. Você gostaria de lavar o carro de forma cuidadosa e não consegue encontrar uma velha calça jeans que guarda para ocasiões como essa. Então pergunta à sua parceira se ela sabe onde a calça está. Como ela reage?

- ❑ Fica indignada e grita com grosseria, antes de sair disparada do quarto: "Por acaso é culpa minha se você nunca arruma o seu armário? Não é problema meu se você não encontra seus trapos."
- ❑ Ela fica ruborizada e se afasta, dizendo num tom quase inaudível: "Não faço a menor idéia, sinceramente!"
- ❑ "Talvez... esteja... na... máquina de lavar", ela balbucia, suspira levemente e sugere num tom forçadamente amigável: "Por que você não veste a calça marrom?"
- ❑ "Não sei", ela responde, saindo apressada. "Vou ajudá-lo a procurar", oferece, coisa que nunca fez antes.

- ❑ Ela diz: "Ah, aquela... Bem... Coloquei na secadora outro dia e ela encolheu. Então, infelizmente, tive de jogá-la fora. Sinto muito! Eu ia contar antes, mas..." Ou diz que caiu algo tóxico nela e por isso teve de jogá-la no lixo.

4. *Você e sua parceira compraram um apartamento juntos e concordaram em fazer sacrifícios para economizar. Você segue o combinado à risca, por mais difícil que seja, ao passo que sua parceira chega em casa mais uma vez com uma roupa nova de grife. Como ela justifica a compra?*

- ❑ Alega que a melhor amiga dela deu-lhe a roupa de presente para deixá-la feliz e começa a analisar as unhas.
- ❑ Sem nenhum sinal de peso na consciência, e num tom bem mais alto que o normal, ela diz: "Querido, você não vai começar uma discussão agora, vai?"
- ❑ Ela ignora deliberadamente a pergunta e devolve com o seguinte: "Eu tive de comprar. Você quer que eu vá trabalhar pelada?"
- ❑ Ela sorri artificialmente e tenta lhe agradar: "Vou ficar tão sexy vestindo essa roupa que todos os homens terão inveja de você na festa de amanhã."
- ❑ Desconcertada, ela esfrega o nariz e diz: "Foi uma pechincha, comprei na liquidação! E ainda economizamos mais, porque a Cláudia também comprou uma e eu ganhei um desconto maior."

5. *Sua mãe convida vocês para almoçar no domingo e detesta que se atrasem. Sua parceira vai visitar uma amiga na mesma manhã e promete estar de volta a tempo, o que, evidentemente, não acontece. Que desculpa ela dá?*

- ❑ Começa a descrever a manhã nos mínimos detalhes, dramatizando cada acontecimento, porém sem dar um motivo real para o atraso.

- ❑ Mexe no fecho do casaco e diz: "Foi culpa da Renata, ela não me deixou vir embora. É sério. Se não acredita em mim, pode perguntar a ela."
- ❑ Diz num tom de voz mais alto que o habitual: "Sinto muito. O carro não pegou e a bateria do celular estava descarregada."
- ❑ Diz simplesmente: "Não foi culpa minha, tem de acreditar em mim."
- ❑ Tenta desviar do assunto dizendo que sua mãe é uma chata e que a obsessão dela pela pontualidade a tira do sério.

Parte 2: Para ser respondida pelas mulheres

1. *Seu parceiro chega em casa às quatro da madrugada, meio zonzo. Ele esteve numa "social entre amigos" e cheira a álcool. Tenta não fazer barulho para não acordá-la. Você o encosta na parede e pergunta em tom de reprovação se ele está bêbado. Como ele reage?*

- ❑ Ele murmura: "Nããão, de jeeeito nenhuuum."
- ❑ Ele lhe conta sobre a noite despreocupadamente, porém com a voz mais alta e falando mais rapidamente do que o normal.
- ❑ Ele responde apenas: "Não bebi demais. Verdade!"
- ❑ Ele nega, mas evita o seu olhar.
- ❑ Ele retruca: "Estou sóbrio. Que um raio caia sobre mim se eu não estiver dizendo a verdade!"

2. *Você tinha planejado ir a um show depois do expediente com uma colega de trabalho. Ela desmarca na última hora e você chega em casa antes do seu parceiro. Na secretária eletrônica está uma mensagem de uma tal de Cláudia (que você não conhece) pedindo, com voz sensual: "Querido, ligue para mim..." O que acontece quando você toma satisfações mais tarde?*

- ❑ "Quem pode ser? Não conheço essa pessoa."
- ❑ "Não faço idéia, querida. Deve ter sido engano", ele diz enquanto vasculha a pasta de trabalho.

- ❑ "Deve ter sido um trote", ele tenta justificar sem encarar você.
- ❑ "Será que um homem não pode ter um pouco de paz depois de um dia de trabalho?", ele pergunta, agressivo. "Não estou a fim de aceitar as suas insinuações ridículas agora."
- ❑ "Não tenho nada a ver com isso", diz ele, olhando-a com a expressão de cachorrinho. "Juro pela minha mãe."

3. Você vem planejando uma noite na ópera há algum tempo e pede ao seu parceiro para comprar as entradas. Como você deseja ir à estréia, é preciso agir rapidamente. Três dias depois, ao perguntar se ele comprou as entradas, ele responde que estão esgotadas e que será impossível comprá-las. Decepcionada, você pergunta por que ele não foi comprá-las a tempo. O que acontece?

- ❑ Ele fica indignado e começa a gritar com você. Reage de forma inesperadamente exaltada e, embora você tente acalmá-lo, diz que não tem vontade de ir a lugar nenhum com você.
- ❑ Ele conta uma história absurda para justificar seus atos, repetindo a frase "Você tem de acreditar em mim" pelo menos três vezes.
- ❑ Ele dá mil voltas para contar uma história sobre suas tentativas fracassadas de obter as entradas, esfrega os olhos repetidas vezes e não pára de esfregar a ponta do nariz.
- ❑ Ele sorri lentamente, parecendo agoniado, e alega que quando você pediu para ele comprar as entradas elas já estavam esgotadas há bastante tempo.
- ❑ Ele tenta distraí-la e seu rosto fica completamente ruborizado.

4. É seu aniversário de casamento. Seu parceiro tem de sair cedo por causa de um compromisso profissional, portanto vocês só se verão à noite, quando ele voltar do trabalho. Você deixa o presente que comprou guardado numa gaveta e espera para ver o que acontece. Quando ele começa a ler o jornal, você tem certeza de que ele se esqueceu da data. Você menciona o fato sem nenhum tom de reprovação ou culpa. O que ele faz?

- ❑ Afirma que esqueceu seu presente na empresa, sai e volta dez minutos depois com um buquê de flores comprado no posto de gasolina, estampando um sorriso de quem pede desculpas.
- ❑ Diz com convicção: "Querida, não precisamos provar nossos sentimentos com coisas materiais, não é mesmo?"
- ❑ Explica que é tudo culpa da secretária e enfia as mãos nos bolsos.
- ❑ Começa a andar de um lado para o outro, repetindo que escondeu seu presente em algum lugar, mas que não consegue encontrá-lo agora. No dia seguinte, ele lhe entrega um presente que – por coincidência – só encontrou pela manhã.
- ❑ Durante algum tempo ele não consegue dizer uma palavra para explicar o que se passou e fica balbuciando "Hum... Bem...", o que não é comum nele.

5. Você e seu parceiro são convidados para uma festa de fim de ano na casa de um amigo. O traje é um pouco formal e você quer ficar bonita. Após experimentar praticamente todas as roupas do armário, você acaba vestindo o primeiro vestido que experimentou. Você pergunta ao seu parceiro que tal está. Como ele responde?

- ❑ "Maravilhosa, querida", sem sequer olhar para você.
- ❑ Ele ajeita a gravata algumas vezes, embora ela já esteja perfeita, e diz com voz quase inaudível: "Estamos atrasados. Está tudo ótimo. Realmente temos de ir agora."
- ❑ "Você sabe que para mim está sempre linda", alega, tentando soar o mais sincero possível.
- ❑ "Linda. Por que eu mentiria? Sabe que nunca minto."
- ❑ "Simplesmente deslumbrante", diz, saindo apressado do quarto.

Avaliação: Pequeno teste das omissões e mentirinhas leves

Conte quantas afirmações você marcou e leia a seção correspondente a seguir.

0 a 5 afirmações

Você é incrível! Parece estar imune às mentiras do dia-a-dia. Se respondeu com sinceridade – o que se presume que aconteceu –, é um verdadeiro fenômeno ou uma pessoa simplória.

Por quê? Se levar sua vida com o lema: "Sou incapaz de mentir", dizendo sempre a verdade a todos, não estará fazendo bem nem a si próprio nem aos outros. Lembre-se de que a maioria das pessoas não quer encarar a verdade. Até mesmo as que afirmam desejar a verdade no fundo preferem acreditar que aquilo que gostariam que acontecesse é a verdade.

6 a 14 afirmações

Você está na média. Não mente consciente ou deliberadamente, porém já lançou mão de uma ou outra mentirinha para causar boa impressão, para não chamar atenção ou para ajudar alguém.

Desde que não abuse das mentiras leves, enredando-se numa teia de mentiras da qual não conseguirá mais se livrar sem conseqüências negativas, está tudo bem.

15 a 20 afirmações

Se mentiras fossem música, você teria uma verdadeira sinfonia! As mentiras leves são sua forma de comunicação-padrão e você as usa de acordo com sua necessidade. Mas, mesmo que ache que consegue enganar os outros, é melhor tomar cuidado. Este conselho é importante, sobretudo se na infância você costumava mentir aos seus pais para evitar o castigo, de tal forma que não é mais capaz de distinguir mentiras de desonestidade.

Geralmente, as mentiras podem ser descobertas, porque envolvem emoções que são sinalizadas pela linguagem corporal e verbal. Quanto maior a mentira e quanto mais intensas as emoções envolvidas, mais pistas o mentiroso pode deixar escapar.

Avaliação: O mais eficaz teste detector de mentiras

Não importando se seu par é homem ou mulher, ou se você respondeu à Parte 1 ou 2 do teste, se assinalou mais de uma resposta por pergunta, pode ter quase certeza de que ele/ela mente para você.

Se você suspeita dele/dela com freqüência, ou se o seu par se enquadra em algumas das situações descritas, deve conversar sobre isso com ele/ela urgentemente.

Tenha em mente que alguns dos sinais aqui mencionados demonstram que a pessoa está passando por algum tipo de estresse e não garantem que ela esteja mentindo. Há, ainda, uma pequena percentagem de pessoas que mentem com facilidade e não demonstram muitos sinais de estresse, ao passo que outras, como os políticos e fanáticos religiosos, podem acreditar de fato em suas próprias mentiras e, portanto, não revelar sinais denunciadores. A maioria dos mentirosos, no entanto, deixa escapar sinais a maior parte do tempo.

Há uma razão para que as mulheres sejam mais capazes de detectar mentiras do que os homens. Tomografias cerebrais revelaram que, ao se comunicarem cara a cara, a média das mulheres possui entre 14 e 16 pontos-chave trabalhando em ambos os hemisférios do cérebro. Esses locais são usados para decodificar palavras, mudanças no tom de voz e sinais corporais, algo que geralmente é chamado de "intuição feminina". Um homem típico possui apenas de quatro a sete desses pontos, pois seu cérebro evoluiu mais no sentido de desempenhar tarefas espaciais do que para desenvolver habilidades de comunicação.

Isso proporciona às mulheres a vantagem adicional de serem capazes de ler os sinais corporais, ao mesmo tempo em que escutam o que está sendo dito. Já os homens focam em uma das informações por vez e, conseqüentemente, deixam passar despercebidos muitos sinais corporais.

Capítulo 7

A outra mulher: a mãe dele

Com vocês, a bruxa

As sogras provavelmente inspiram mais piadas do que qualquer outro grupo de pessoas no mundo. São sempre caracterizadas como verdadeiras bruxas, implicantes e briguentas. Ao ser indagado sobre qual seria a pena máxima para a bigamia, Lênin respondeu: "Duas sogras."

As sogras de fato criam problemas em muitos casamentos, sendo que cerca de um terço dos desentendimentos chega a ser atribuído a elas. Mas nem todas as sogras fazem jus a essa péssima fama. Metade delas é, no mínimo, neutra, e muitas são membros carinhosos, prestativos e generosos da família.

Geralmente não é a mãe da mulher quem cria problemas. As pesquisas demonstram que é a mãe do homem que costuma representar o verdadeiro perigo. A sogra pode irritar o homem, importuná-lo e tirá-lo do sério, porém a maioria dos homens gosta de sua sogra. Os problemas com a sogra não têm tanto peso na vida de um homem.

Há um antigo provérbio polonês que diz: "O caminho para conquistar o coração de uma sogra é tratando bem sua filha." Os homens em geral sabem disso. O que as mães das mulheres querem, mais que tudo, é ver suas filhas felizes. E se o homem faz isso, dificilmente a sogra criará problemas. É mais provável que venha a ter problemas com o sogro, que se recusa a entregar sua "princesinha" querida.

Pode ser que os testes deste capítulo despertem um maior interesse nas mulheres, pois os homens não tendem a se preocupar tanto com a sogra. Ainda assim, os homens devem ler os testes e verificar a avaliação, pois encontrarão informações valiosas que podem ajudar a esclarecer algumas coisas. Um dos testes foi preparado visando especialmente aos homens, para alertá-los acerca de possíveis problemas entre sua parceira e sua mãe.

Aquecimento

Selecionamos algumas piadas sobre sogras para que você entre num clima de alto astral antes de responder aos testes. Escolha aquela de que mais gostar, compare-a com a escolha de seu par e dê boas risadas antes de passar à parte mais séria deste tema.

Qual a diferença entre um rottweiller e uma sogra?
A uma certa altura, o rottweiller soltará você.

Adão e Eva foram o casal mais feliz e sortudo do mundo porque nenhum deles tinha sogra.

Perguntaram a um homem: "Por que você veio ao escritório hoje? Não devia estar no enterro de sua sogra?"
"Devia sim, mas primeiro a obrigação, depois a diversão."

Se você conseguisse convencer sua sogra a caminhar dez quilômetros por dia, em uma semana ela já estaria setenta quilômetros mais longe.

Recebi um e-mail hoje avisando que minha sogra tinha falecido e perguntando se ela deveria ser enterrada, cremada ou embalsamada. Respondi: "É melhor não correr riscos – providencie os três."

O grande teste da resistência

Vocês costumam discutir por causa de suas mães? Com este teste você descobrirá o quanto sua sogra é ou não um fardo para o seu relacionamento. Assinale as afirmações com as quais concorda.

- ❑ *Minha sogra mimou meu parceiro a vida toda. Cozinhava, limpava, lavava e passava a ferro para ele. Agora ele espera que eu faça o mesmo e sua mãe apóia tal atitude.*
- ❑ *Minha sogra costuma se intrometer na nossa relação e sempre fica do lado do filho.*
- ❑ *Fico feliz quando saímos de férias porque assim passo duas semanas inteiras sem ver minha sogra.*
- ❑ *Meu parceiro fica mais relaxado durante as férias e discutimos bem menos do que quando estamos em casa.*
- ❑ *Já disse ao meu parceiro um milhão de vezes que a relação dele com a mãe é próxima demais e que ele agüenta mais do que deveria.*
- ❑ *É sempre um alívio quando passa a época de Natal, pois aí minha sogra vai embora.*
- ❑ *Minha sogra mima meus filhos e geralmente ignora minhas instruções para não dar a eles doces e comidas gordurosas.*
- ❑ *Minha sogra não entende que meu parceiro e eu precisamos de um tempo sozinhos de vez em quando, e logo se sente rejeitada.*
- ❑ *É comum eu me sentir incomodada e insegura quando minha sogra está por perto. Sinto-me vigiada o tempo todo.*
- ❑ *Minha sogra insiste para irmos almoçar com ela todos os domingos. Ela sempre prepara a comida preferida do meu parceiro, de modo que "o meu menino faça uma refeição decente para variar".*
- ❑ *Minha sogra nos convida com freqüência e sempre pede ao meu parceiro que corte a grama, pinte a casa ou faça outros favores para ela.*

- ❑ *Minha sogra vive fazendo exigências.*
- ❑ *Minha sogra me critica o tempo todo e sempre enfatiza o fato de que faz tudo de maneira diferente da minha, quer se trate de comida, cuidados com a casa ou a educação das crianças.*
- ❑ *Na minha opinião, minha sogra exige atenção demais do meu parceiro.*
- ❑ *Minha sogra é muito intrometida. Quer sempre saber os detalhes mais íntimos de nosso casamento.*
- ❑ *Minha sogra não me considera muito capaz e vive me dando conselhos sem que eu os peça.*
- ❑ *Minha sogra espera que meu parceiro a obedeça como quando era um menino e fica aborrecida se ele não corresponde.*
- ❑ *Minha sogra quer participar de tudo em nossa vida e sente-se excluída facilmente.*
- ❑ *Minha sogra aparece sem ser convidada e sem avisar, alegando ser "da família".*
- ❑ *Já pensei em deixar meu parceiro por causa de sua mãe.*

O teste definitivo da sogra

Que tal sua sogra? Você tem sorte e se dá bem com ela? Ou ela sempre se intromete e torna sua vida um inferno? Este teste ajudará você a esclarecer que tipo de pessoa é sua sogra: implicante e cruel, amiga maternal, egoísta dominadora ou resmungona incansável. Assinale as afirmações que mais se aplicam a ela. Marque somente uma resposta por pergunta.

Parte 1: Para ser respondida pelas mulheres

Seu parceiro e a mãe dele

1. Está chegando o dia do aniversário de seu parceiro e você está planejando uma festa para ele. Como seus sogros moram na mesma cidade, você os convida. O que acontece?

- ❑ Sua sogra aparece sem ser convidada alguns dias antes da festa para discutir alguns detalhes com você. Ela se oferece para chegar mais cedo e ajudar com os preparativos. Quer preparar a sobremesa e nada a fará mudar de idéia. E ela não desiste enquanto você não conta o que dará de presente ao seu marido. (Tipo C)
- ❑ Quando você convida sua sogra para a festa, a primeira coisa que ela quer saber é o que será servido no jantar. Então, faz sugestões de mudanças no cardápio. Afinal de contas, ela sabe mais sobre o que o seu parceiro gosta, pois o conhece há mais tempo. Como sempre, faz comentários sobre a lista de convidados e quer saber por que você não convidou a velha tia Glória, algo aliás que ela considera inaceitável. (Tipo B)
- ❑ Sua sogra fica ofendida porque você não falou sobre a festa com antecedência. Teria preferido organizar, ela mesma, um jantar, e agora sente-se posta de lado. Ela acusa você de ter se imposto. Mais tarde, ela reclama de você para seu parceiro e tenta fazê-lo mudar de idéia a respeito da festa. (Tipo A)
- ❑ Alguns dias antes da festa, sua sogra telefona agradecendo pelo convite. Após bater um papo, ela se despede, pois tem coisas a fazer. Antes de desligar, diz que adoraria ajudá-la se você precisar de alguma coisa. (Tipo D)

2. *Falta pouco para o Natal e você e seu parceiro decidem passar as festas de fim de ano sozinhos. Vocês não convidarão nem visitarão seus respectivos pais, que vivem muito longe. Quando sua sogra toma conhecimento desses planos...*

- ❑ ...finge ter um ataque de nervos ao telefone, com uma atuação digna do Oscar. Acusa seu parceiro de romper com as tradições da família e diz que não admitirá tal coisa. E ainda acusa você de afastá-lo da família. Começa a gritar e lhes dá um ultimato. (Tipo A)

- ❑ ...quer saber imediatamente por que vocês não desejam passar o Natal com ela e o que planejam fazer. Ao saber que vocês também não estarão com seus pais, fica um pouco mais conformada. Ainda assim, telefona algumas vezes nos dias que se seguem e comenta que todas as amigas receberão a visita dos filhos. (Tipo B)
- ❑ ...fica feliz por vocês e torce para que se divirtam. Conta que decidiu romper com a tradição e marcou uma viagem junto com o marido. (Tipo D)
- ❑ ...diz o quanto lamentará a ausência de vocês, mas que aceita o fato e não tentará dissuadi-los da idéia. Além disso, avisa que telefonará ao menos três vezes no dia de Natal e envia um pacote com objetos e comidas para seu parceiro se lembrar do Natal na casa dela. (Tipo C)

3. Vocês desejam se casar e você comunica a notícia aos seus sogros. Qual das frases a seguir soa como sendo de sua sogra?

- ❑ Parabéns! Estou muito feliz por vocês. (Tipo D)
- ❑ Não acham que é um pouco cedo para isso? (Tipo A)
- ❑ Quero que você cuide muito bem do meu filho, hein! (Tipo B)
- ❑ Bem-vinda à minha família. Espero que venhamos a nos dar bem. (Tipo C)

4. Você está grávida e o bebê nascerá dentro de três meses. Vocês conversam sobre licença-maternidade e licença-paternidade e sobre como será a rotina do bebê. Como sua sogra se comporta?

- ❑ Não se cansa de dizer o quanto está disposta a tomar conta do bebê, caso vocês desejem retornar rapidamente ao trabalho após o nascimento. Passa mais tempo em sua casa do que na dela, e você não consegue impedir que a acompanhe nas consultas ao obstetra ou na compra do carrinho. Manifesta, inclusive, o desejo de estar presente no parto. (Tipo C)

- ❑ Leva um monte de livros sobre o assunto e se intromete o tempo todo nas conversas. Sem que lhe peçam, relata sua experiência e as das amigas, contradiz tudo o que você fala e aponta os riscos da gravidez e do parto. (Tipo B)
- ❑ Se você faz perguntas, ela responde deixando claro que se trata de opiniões dela, mas que cada um tem sua própria experiência. E afirma que você pode contar com ela para o que for necessário. (Tipo D)
- ❑ Primeiro, ela faz um discurso sobre como eram as coisas em sua época e insiste para que você pare de trabalhar e se dedique integralmente a seu bebê. Afirma que é o homem quem deve trabalhar para sustentar a família. (Tipo A)

5. Seu bebê nasceu e você ainda está se adaptando à nova situação. Como age sua sogra?

- ❑ Não pára de perguntar sobre o/a neto/a e lhe dá uma série de conselhos para as primeiras semanas. Enfatiza o tempo todo o que você pode fazer durante essa fase tão importante e que conhece histórias sobre todas as situações possíveis e imagináveis. (Tipo B)
- ❑ Aparece sempre que é convidada, fazendo questão de se certificar antes que você concorda com a visita. Quase sempre leva algo e ajuda quando as coisas estão confusas. (Tipo D)
- ❑ Liga diariamente para perguntar se você e o bebê estão bem e quando poderá visitá-los novamente. Quando vai à sua casa, costuma ficar mais do que o planejado, pois não consegue se afastar da criança. Também quer saber todos os detalhes sobre o dia-a-dia. (Tipo C)
- ❑ Critica tudo o que você faz. Em casos extremos, reclama de você e chega a insultá-la. Ao ser questionada a respeito por seu parceiro, nega tudo e acusa você de querer afastá-la do filho. (Tipo A)

6. Como sua sogra se comportou quando a conheceu?

- ❑ Aproximou-se imediatamente, conversou como se vocês fossem velhas amigas e contou toda a história de sua vida. (Tipo C)
- ❑ Atormentou-a com perguntas e explicou como o seu parceiro "funciona". (Tipo B)
- ❑ Após uma acolhida calorosa, vocês iniciaram uma agradável conversa e passaram algumas horas deliciosas juntas. (Tipo D)
- ❑ Fez todo tipo de perguntas pessoais e deu conselhos para todos os seus problemas. (Tipo A)

Parte 2: Para ser respondida pelos homens

Sua parceira e sua mãe

Sua parceira e sua mãe se dão bem? Ou há sempre um clima desagradável porque elas têm opiniões diferentes? A culpa é sempre da sua parceira, como sua mãe alega? Ou ela também contribui para isso? As coisas continuam bem entre o casal ou é preciso tomar providências urgentemente se você não quiser colocar seu relacionamento em risco? O próximo teste lhe dará as respostas.

Assinale as afirmações com as quais você concorda.

- ❑ *Sua mãe lhe diz freqüentemente uma das seguintes frases:*
  Depois de tudo o que fiz por você!
  Com quem mais poderei contar?
  Você não quer mais saber de mim.
  Quando eu morrer, você vai se arrepender.
  Você é um egoísta, exatamente como o seu pai.
  Eu me sinto tão só agora.
- ❑ *Sempre que sua mãe o faz sentir-se culpado, você começa a defendê-la diante de sua parceira.*
- ❑ *Você considera um dever cuidar de sua mãe, mas sua parceira parece não se importar, pois já enfatizou mais de uma vez que sua mãe ocupa espaço demais em sua vida.*

- ❑ *Sua parceira não entende por que você costuma fazer consertos e outros favores para sua mãe.*
- ❑ *Sua mãe reclama para você e para os outros que sua parceira a exclui.*
- ❑ *Sua mãe quer dar bons conselhos à sua parceira, mas esta se sente controlada e os dispensa.*
- ❑ *As duas competem pelos filhos de vocês e têm opiniões divergentes sobre a maioria das questões referentes à educação deles.*
- ❑ *Você não entende por que elas ficam zangadas o tempo todo, já que você tenta apenas se dar bem com todo mundo.*
- ❑ *Sua mãe ainda gosta de preparar seu prato favorito, o que deixa sua parceira furiosa. Mas o assado da sua mãe é simplesmente o melhor.*
- ❑ *Quando sua parceira quer conversar sobre sua mãe, você geralmente se esquiva, pois acha que ela exagera.*
- ❑ *Ao contrário de sua parceira, você não vê problema no fato de sua mãe aparecer sem avisar. Afinal, vocês não têm nada a esconder.*
- ❑ *Sua parceira freqüentemente se sente controlada por sua mãe, que apenas demonstra um profundo interesse em sua vida.*
- ❑ *De início, sua parceira e sua mãe se davam bem. Mas, quando vocês foram morar juntos, a relação azedou – e você não consegue entender por quê.*
- ❑ *Sua mãe vive reclamando que sua parceira confia mais na própria mãe do que nela.*
- ❑ *Às vezes você tem a sensação de que as duas competem por você.*

Avaliação: O grande teste da resistência

Conte quantas afirmações você assinalou e leia a seção correspondente a seguir.

0 a 5 afirmações

Você não pode se queixar de sua sogra. Ela dificilmente causa alguma tensão em seu relacionamento. Está claro que você conseguiu estabelecer uma relação positiva com a mãe de seu parceiro, integrando-a ao relacionamento. Os três são emocionalmente equilibrados, independentes, generosos e atenciosos, e o comportamento de vocês não é motivado por ciúmes, nem por possessividade, dependência, imaturidade, egoísmo ou instabilidade emocional. Mas não se esqueça de estabelecer alguns limites de vez em quando, mesmo que a ajuda e os conselhos de sua sogra sejam bem-vindos. É a única maneira de manter uma boa relação.

6 a 14 afirmações

O relacionamento com sua sogra não é dos piores, embora ela às vezes provoque discussões desagradáveis entre você e seu parceiro. Tenha em mente que os filhos não contam muitas coisas às mães. Conseqüentemente, uma sogra raramente obtém muitas informações e começa a se sentir excluída da nova família do filho, podendo passar a achar que o único modo de ser incluída é impondo sua presença.

Talvez você deva tentar ser um pouco mais diplomática no futuro, integrando mais sua sogra. Desta forma, ela ficará aliviada e se afastará por iniciativa própria.

A última coisa de que uma mulher precisa é de uma sogra reclamando dela para o marido; a mulher precisa de uma aliada e não de uma inimiga. Portanto, é você quem deve construir a ponte de ligação, pois, se não dedicar algum tempo à relação com sua sogra, pagará um preço por isso.

15 a 20 afirmações

Seu relacionamento está sujeito a grande tensão. Você tem uma sogra intrometida e possessiva que se recusa a cortar o cordão umbilical do filho. Às vezes, os problemas com sua sogra parecem tão difíceis de administrar e provocam tanto sofrimento que você chega a pensar em divórcio. Mas vocês duas podem resolver isso. Como mulheres, precisam resolver suas diferenças sem envolver o marido/filho. Em vez de criticar a mãe dele, é mais eficaz conseguir que seu marido faça o que você quer e parar de culpar sua sogra. Ele já é adulto e tem de ser responsável por suas ações.

Avaliação: O teste definitivo da sogra – Parte 1

Conte quantas vezes escolheu os tipos A, B, C e D. Cada resposta vale um ponto. Leia a seguir a seção em que tiver obtido o maior número de pontos.

Tipo A

A sua vida não é fácil! Sua sogra é dominadora; tudo tem de ser do jeito dela, todos fazem o que ela quer para evitar confusão. Quando você emite uma opinião que não coincide com a dela, isso é sinônimo de discussão. Ela não aceita qualquer discordância. Afinal de contas, acha que é a única que sabe o que é certo ou errado quando se trata do filho (o seu parceiro).

Em conseqüência, ela não mede as palavras na hora de dizer a você o que deveria mudar nem se abstém de criticá-la ou de demonstrar seu desagrado.

É difícil lidar com esse tipo de pessoa, pois ela se sentirá injustiçada se você mostrar o menor sinal de discordância. É evidente que ela vê a parceira do filho como rival, e, pelo medo da perda, fará tudo para defender sua posição.

Por essa razão, você deve ter cuidado ao lidar com sua sogra, além de muita paciência. Infelizmente será sempre difícil ter uma relação tranqüila com ela.

Tipo B

Sua sogra é bem-intencionada e normalmente educada e prestativa, mas também é dominadora e se intromete mais na sua vida do que você considera aceitável. Ela sabe tudo, comenta tudo e é moralista, embora dê seus conselhos num tom amigável. Infelizmente, ela sempre se intromete e tenta influenciar seu dia-a-dia, da educação de seus filhos à escolha de um lugar para passarem as férias ou a assuntos domésticos, como a maneira correta de colocar a louça na máquina de lavar ou de limpar o chão – ela se mete em tudo. Este é o único modo de ela atingir seu objetivo: manter-se no controle.

A intromissão é disfarçada em preocupação com a família. Você pode se relacionar bem com esse tipo de sogra desde que não dê muita importância às suas opiniões. Aparentemente, ela não considera você uma rival, apenas quer o melhor para o filho e sua família.

Tipo C

Sua sogra é uma pessoa carinhosa e amiga. É solidária, altruísta, desprendida – você não tem como não gostar dela. Ela trata os amigos e parceiros dos filhos como se sempre tivessem feito parte da família e acolheu você afetuosamente.

Ela trata bem a todos e faz tudo para agradar a você e a seu marido. Quando precisam de ajuda, podem sempre contar com ela.

Ela confia em você e lhe conta segredos íntimos da vida dela. Há, porém, um risco com esse tipo de pessoa. Ela facilmente passa dos limites e espera o mesmo de você – que conte a ela os mínimos detalhes de seu relacionamento.

Ela tem uma relação muito próxima com os filhos e se comporta como amiga deles, mas às vezes esquece de uma coisa: é a mãe do seu marido e deveria manter uma distância saudável para o bem da relação.

Tipo D

Parabéns! Você, sem dúvida, tem a melhor sogra possível. Ela é solidária, bem resolvida, aberta, tolerante, generosa, amiga e não se intromete – é praticamente perfeita. Vocês simpatizaram uma com a outra desde o princípio e conversam sobre tudo. Vocês se dão bem e às vezes você se sente íntima dela – com os devidos limites.

Sua sogra respeita a sua privacidade e nunca ultrapassa os limites. Ela aproveita a liberdade que obteve quando os filhos saíram de casa. Sabe ser desprendida e deixa que os filhos vivam suas próprias vidas, apesar de se mostrar disponível. Tudo isso contribui para uma relação amigável e tranqüila, baseada no respeito mútuo.

Avaliação: O teste definitivo da sogra – Parte 2

Conte quantas afirmações você marcou e leia a seção correspondente a seguir.

0 a 3 afirmações

Você não precisa se preocupar com o seu relacionamento. Sua parceira e sua mãe se dão bem ou mesmo muito bem. Ainda que discordem de vez em quando, são perfeitamente capazes de resolver as diferenças sem a sua ajuda. Você não precisa se preocupar em tomar uma atitude a cada problema que surja.

4 a 10 afirmações

Ainda que você não queira admitir, a relação entre sua parceira e sua mãe nem sempre é das melhores. As duas discordam em muitos pontos e volta e meia discutem. Procure encarar o assunto objetivamente e, sem ser injusto, dê apoio à sua parceira. Afinal é com ela que você vive, e não com sua mãe.

11 a 15 afirmações

Sua parceira está em pé de guerra com sua mãe, é impossível ignorar o fato. Reúna-se com ambas e procure conversar de forma razoável. Aborde as diferenças entre elas e tente encontrar soluções em conjunto. Caso isso não seja possível, defina claramente com sua parceira as situações que incluirão sua mãe, respeite o que foi decidido, encoraje sua mãe a praticar atividades do interesse dela e imponha limites – com delicadeza. Sua relação deve valer o esforço, pois esta é a única maneira de você manter um relacionamento feliz e viver de forma independente.

Capítulo 8

Problemas de comunicação

As regras básicas da comunicação

No Capítulo 1 abordamos os problemas relacionados a conversar e escutar. Neste capítulo responderemos à pergunta "Por que homens e mulheres têm tanta dificuldade para se comunicar?".

É preciso deixar claro desde o princípio: os homens são solucionadores de problemas e as mulheres, construtoras de lares.

O mundo misterioso da comunicação feminina tanto pode divertir quanto irritar a maioria dos homens. As cinco perguntas que se seguem sobre o comportamento feminino são as que mais povoam o pensamento masculino:

1. Por que as mulheres falam tanto?
2. Por que sempre querem conversar sobre os problemas?
3. Por que elas exageram no que dizem?
4. Por que as mulheres nunca são objetivas?
5. Por que elas sempre querem saber tudo nos mínimos detalhes?

As mulheres, por sua vez, se desesperam com a forma de comunicação masculina e se perguntam:

1. Por que os homens são tão diretos?
2. Por que sempre é preciso arrancar as informações deles?
3. Por que ficam tão calados?

4. Por que nunca se interessam pelos detalhes?
5. Por que os homens sempre dão conselhos sem que os peçamos?

Há uma série de razões para cada um desses comportamentos, mas, se você tiver em mente as regras a seguir, nada (ou pelo menos não muita coisa) impedirá que a comunicação entre você e seu par flua.

Regras para as mulheres se comunicarem com os homens

- Mantenha tudo o mais simples possível.
- Nunca fale sobre mais de uma coisa ao mesmo tempo.
- Use frases curtas, claras, e atenha-se ao essencial.
- Fale de forma direta – diga exatamente o que quer dizer.
- Não o interrompa enquanto ele fala.
- Informe-o sobre o que deseja conversar ou se quiser discutir um problema sério.
- Nunca fique em silêncio se quiser puni-lo. Os homens adoram o silêncio – para eles é um presente.

Regras para os homens se comunicarem com as mulheres

- Apenas escute; emita sons típicos e use expressões faciais.
- Evite propor soluções.
- Expresse seus desejos de maneira indireta e sempre diga "por favor".
- Não leve tudo o que ela diz ao pé da letra.
- Não é o conteúdo do que você diz que conta, mas o interesse que demonstra em relação ao que ela fala.

- Nunca diga que ela dramatiza demais e não a corrija diante de outras pessoas.
- Sempre dê a ela mais detalhes do que forneceria a um homem.

O grande teste da comunicação

Você se comunica bem com seu par? Ou sempre ocorrem mal-entendidos entre vocês? O próximo teste lhe dará a resposta sem concessões. Você também obterá esclarecimentos animadores a seu respeito e dos demais.

A seguir, você encontrará dois questionários semelhantes, o primeiro para a pessoa que se submete ao teste, e o segundo para o/a parceiro/a. Primeiro, responda às suas perguntas, e em seguida peça ao outro para responder ao segundo questionário. Para que as respostas correspondam o mais possível à realidade, não comentem as perguntas. E lembre-se: sem trapacear!

Se quiserem testar um ao outro, copiem ambos os questionários antes de responder, para que possam fazê-lo ao mesmo tempo.

Nome da pessoa que responde ao teste: ____________________

Nome do/da parceiro/a: ______________________________

1. Quais são os temas de conversa mais importantes para você? (Dê três respostas.)

____

____

____

2. O que você e seu par conversaram hoje – excetuando-se questões relativas ao dia-a-dia?

____

3. Se você pudesse ter três desejos realizados, quais seriam?

4. Você acha que consegue conversar direito com seu par?

5. Você se sente compreendido/a e apoiado/a por seu par quando enfrenta dificuldades?

6. Como você age quando seu par está vivendo um problema?

7. Quando você passa por problemas, o que espera do/da parceiro/a?

8. Você se considera uma pessoa que ouve com atenção e interesse?

9. Acha que seu par o/a vê dessa maneira?

10. Está sempre atento/a aos desejos e preocupações do/da parceiro/a?

11. Consegue ficar em silêncio com seu par ou sente-se desconfortável nessa situação?

12. Quando os dois discutem, você traz à tona questões conflituosas do passado?

____

13. Em caso afirmativo, o que espera que resulte disso?

____

14. Você sente a necessidade de resolver os conflitos para poder dormir em paz?

____

15. Acha que a necessidade de conversar do seu par é igual à sua?

____

16. Você acorda de mau humor, com vontade de se esconder atrás do jornal, ou já acorda com vontade de conversar?

____

17. A comunicação entre você e seu par o/a satisfaz?

____

Nome da pessoa que responde ao teste:________________

Nome do/da parceiro/a:________________________

1. Quais são os temas de conversa mais importantes para você? (Dê três respostas.)

____

____

____

____

2. O que você e seu par conversaram hoje – excetuando-se questões relativas ao dia-a-dia?

---

3. Se seu par pudesse ter três desejos realizados, quais seriam?

---

4. Seu par acha que consegue conversar direito com você?

---

5. Seu par se sente compreendido/a e apoiado/a por você quando enfrenta dificuldades?

---

6. Como seu par age quando passa por problemas?

---

7. Nessas ocasiões, o que seu par espera de você?

---

8. Você acha que seu par ouve com atenção e interesse?

---

9. Acha que seu par considera você uma pessoa que ouve com atenção e interesse?

---

10. Seu par está sempre atento/a aos seus desejos e preocupações?

---

11. Seu par consegue ficar em silêncio com você ou sente-se desconfortável nessa situação?

---

12. Quando vocês discutem, seu par traz à tona questões conflituosas do passado?

---

13. Em caso afirmativo, o que você acredita que seu par espera que resulte disso?

---

14. Seu par sente a necessidade de resolver os conflitos para poder dormir em paz?

---

15. Acha que a necessidade de conversar do seu par é igual à sua?

---

16. Seu par acorda de mau humor, com vontade de se esconder atrás do jornal, ou já acorda com vontade de conversar?

---

17. Seu par está satisfeito com a comunicação entre vocês?

A arte de dar a resposta certa

Este teste é direcionado aos homens. Na comunicação entre homens e mulheres há algumas áreas problemáticas, sobretudo quanto às respostas corretas a perguntas traiçoeiras. Se você é homem, certamente está farto de ser acusado de nunca ouvir sua parceira, de nunca se interessar pelos problemas dela e de a estar sempre criticando. O teste a seguir abrirá seus olhos e o ajudará a reconhecer e evitar as armadilhas da comunicação feminina.

Funciona do seguinte modo: você terá três situações em que uma mulher faz uma pergunta traiçoeira que, se for respondida de maneira errada, pode conduzir a uma catástrofe. Dentre as três possíveis respostas ou reações, uma sempre será perfeita, outra será aceitável, e a terceira completamente incorreta – do ponto de vista da mulher. Acertar a resposta é fácil – desde que você entenda como as mulheres pensam.

Situação 1

Vocês foram convidados para uma festa e sua parceira comprou um vestido azul especialmente para a ocasião. Ela está diante do espelho, segurando um par de sandálias douradas numa das mãos e um par de sandálias azuis na outra. Ela pergunta: "Querido, que sandálias combinam melhor com o vestido?"

a) Você responde: "As douradas." Ela pergunta, indignada: "Qual o problema com as sandálias azuis? Paguei uma fortuna por elas e você as detesta, não é?" E ela ainda o acusa de não gostar da forma como se veste.

b) Você elogia o vestido, dizendo, por exemplo: "Você está tão irresistível nesse vestido que vai chamar a atenção de todo mundo esta noite. Tenho muita sorte de ir à festa com você." Se tiver muita sorte, ela não voltará a perguntar.

c) Você devolve com a pergunta: "Qual delas você escolheu, querida?" E ela responderá, insegura: "As douradas", pois já tinha tomado a decisão. Então você diz: "Que ótima escolha! Você está maravilhosa. Adorei!"

Situação 2

Você acaba de chegar do trabalho e está jantando com sua parceira. Depois de lhe perguntar detalhes sobre seu dia (e mais pareceu um interrogatório), ela começa a contar sobre o dela. Conta que, a caminho de casa, escorregou e quebrou o salto do sapato novo.

a) Você a interrompe dizendo: "Não devia usar salto alto quando sai para fazer compras. Por que não usa sapatos baixos? É mais seguro." Ela então pergunta zangada por que você não se limita a escutar quando ela lhe conta alguma coisa.

b) Você espera que ela termine de contar e diz que, segundo um estudo que leu recentemente, muitos acidentes ocorrem pelo uso de sapatos de salto alto. Ela ignora a informação e continua a falar sobre o restante do dia.

c) Você ouve com atenção, meneando a cabeça em concordância, e pergunta: "Você não se machucou, não é, querida?", e ela responde sorrindo que não, passando a lhe contar sobre os outros acontecimentos do dia.

Situação 3

Sua parceira telefona para o seu local de trabalho cinco minutos antes da reunião semanal com os chefes do departamento. Ela conta, furiosa, que o pneu traseiro do carro estava arriado quando voltou das compras.

a) Você a interrompe, impaciente: "Quantas vezes eu já disse para verificar a calibragem na garagem? Se você verificasse de vez em quando, isso não teria acontecido." Ela poderá, então, responder com uma série de insultos e desligar na sua cara.

b) Você a interrompe delicadamente (lembrando-a da reunião) e pede que deixe para contar o que aconteceu à noite, quando terá mais tempo para ouvi-la.

c) Você pede à sua secretária que avise que se atrasará para a reunião porque surgiu uma emergência – em voz alta, para que sua parceira ouça. Então dedica alguns minutos a ouvi-la e consolá-la.

A resposta **c** é sempre a mais perfeita e a resposta **a** é aquela que sua parceira não deseja ouvir. O princípio aí embutido é simples: as mulheres pensam alto e acham interessante e delicado compartilhar seus pensamentos. Também gostam de desabafar para poderem lidar melhor com as situações. Os homens não costumam entender isso e acham que estão recebendo uma lista de problemas a serem solucionados o mais breve possível. As mulheres não esperam respostas para seus problemas e perguntas (e definitivamente não querem sugestões nem soluções), preferindo um ouvinte atento. Na maior parte das vezes, as mulheres já sabem as respostas e só precisam de confirmação.

Agora apresentamos mais três situações semelhantes às anteriores. Responda e em seguida peça à sua parceira que escreva a resposta que ela teria esperado de você. Você poderá mostrar a ela que não apenas compreende o problema como também se dispõe a aplicar seus conhecimentos.

Situação 4

Sua parceira passou a tarde fazendo uma arrumação no armário e agora está diante de você usando o vestido de que mais gosta. Ela pergunta: "Você acha que esta roupa me engorda?"

Sua resposta:

____

____

____

____

O que sua parceira gostaria que você dissesse:

____

____

____

____

Situação 5

Sua parceira conta que teve um desentendimento com um colega de trabalho. Ela reclama de falta de cooperação do colega, afirmando: "Quase parti para a briga. Realmente, não sei mais o que fazer."

Sua resposta:

O que sua parceira gostaria que você dissesse:

Situação 6

A irmã de sua parceira tem um gosto um tanto extravagante e fará aniversário na próxima semana. Sua parceira vem pensando num presente há algum tempo e, na véspera da festa, lhe mostra o que comprou: um porta-retratos prateado cheio de relevos. Ela pergunta: "Acha que ela vai gostar? Eles também tinham lisos. Será que eu devia ter comprado sem enfeites?"

Sua resposta:

O que sua parceira gostaria que você dissesse:

O que você quer dizer com isso? – O teste do esclarecimento

Os problemas de comunicação entre homens e mulheres freqüentemente surgem porque um não entende o que o outro quer. O teste a seguir ajudará vocês a saberem como se comunicar. Você fala claramente o que quer ou expressa seus desejos e opiniões de forma indireta? Costuma exagerar e se perde em detalhes ou descreve os fatos com precisão e se atém ao essencial?

Descubra agora e aprenda como seu par se comunica.

1. Seu chefe pede que consiga informações, entregando-lhe o número do telefone de uma pessoa que o/a ajudará na pesquisa. Você telefona, mas descobre que essa pessoa não tem como ajudar. O chefe lhe dá o número de outra pessoa. Infelizmente, você não a encontra. O que faz?

- ❑ Explica a situação ao seu chefe em detalhes: como você procedeu, com quem falou e o que fará em seguida. Afinal, ele tem de ser mantido informado. (Tipo C)
- ❑ Continua tentando contatar a outra pessoa. Só liga para seu chefe após obter as informações por ele solicitadas – antes disso não há o que relatar. (Tipo A)
- ❑ Se não consegue entrar em contato com a pessoa no prazo de dois dias, você faz um relatório da situação ao seu chefe e diz que o manterá informado. Caso contrário, ele poderia pensar que você esqueceu. (Tipo B)

2. Sua tia completa 75 anos e você não poderá comparecer à festa. Decide, então, enviar um cartão. Que tipo de cartão você escolhe?

- ❑ Um cartão com um pequeno poema ou dizeres simpáticos, para que você não precise escrever muita coisa. (Tipo A)
- ❑ Um cartão em branco em que você escreve um longo texto com suas próprias palavras. Se o espaço não for suficiente, você acrescenta uma folha de papel. (Tipo C)
- ❑ Um cartão com desenhos de flores, pois sabe que sua tia irá gostar; nele você escreve algumas palavras. (Tipo B)

3. Você se acomoda numa poltrona confortável, com um bom livro, e sente um desejo súbito de tomar um café. Como tem preguiça de se levantar e preparar o café, resolve pedir ao seu par que o faça. O que você diz?

- ❑ "Que tal tomarmos um café?" (Tipo C)
- ❑ "Você prepara um café para mim?" (Tipo A)
- ❑ "Por favor, eu adoraria tomar um café agora." (Tipo B)

4. Você acaba de chegar da festa de Natal da sua empresa e seu par pergunta como foi. O que você responde?

- ❑ Comenta os fatos mais relevantes, como o discurso do gerente, o bufê, etc., de forma sucinta. (Tipo B)
- ❑ Diz: "Hum... foi normal." (Tipo A)
- ❑ Conta em detalhes quem estava lá, o que você comeu, com quem conversou e sobre o quê. Tenta não esquecer nada. (Tipo C)

5. É sábado de manhã e vocês estão tomando café juntos. Você fez vários planos para o dia e tem muitas coisas a fazer. Como você informa isso ao outro?

- ❑ Enumera de forma aleatória a lista de coisas que pretende fazer, mencionando todas as possibilidades e desdobramentos. (Tipo C)
- ❑ Após tomar o café, você diz: "Tenho algumas coisas a fazer. Depois a gente se vê", e sai. (Tipo A)
- ❑ Relata seus planos de modo breve e tenta conciliar suas atividades com as do outro. (Tipo B)

6. Alguém pergunta: "Você pode trocar o óleo do carro?" O que acha que a pessoa quer dizer?

- ❑ A pessoa quer saber se você sabe trocar o óleo do carro. (Tipo A)
- ❑ A pessoa está pedindo que você troque o óleo. (Tipo C)
- ❑ Você não tem certeza e pergunta: "Quer saber se sei trocar o óleo ou quer que eu troque para você?" (Tipo B)

7. Você está conversando animadamente com um grupo de amigos sobre diversos assuntos. Durante muitos momentos várias pessoas falam ao mesmo tempo. Como você classificaria esse tipo de conversa?

- ❑ Normal. Afinal, você às vezes começa a falar uma coisa e de repente muda de assunto, voltando ao assunto inicial algum tempo depois. Seja de que jeito for, você estará batendo papo com os demais. (Tipo C)
- ❑ Às vezes a conversa fica barulhenta demais para o seu gosto, então você se desliga ou se afasta um pouco. E só participa da conversa quando tem algo relevante a dizer. (Tipo B)
- ❑ Após mudarem de assunto pela terceira vez, você já se perdeu completamente e não faz idéia do tema da conversa. Gostaria que os outros fossem mais objetivos. Quando todos falam ao mesmo tempo, você não consegue raciocinar direito. (Tipo A)

8. Vocês estão viajando de carro juntos e passam por um bar. Seu par pergunta: "Quer parar para comer alguma coisa?" Como você reage?

- ❑ Diz que não, mas pergunta se ele/ela quer comer algo. (Tipo B)
- ❑ Responde "Agora não", e continua dirigindo, porque não sente fome naquele momento. (Tipo A)
- ❑ Você não está com fome, mas responde: "Se você estiver com fome, podemos parar aqui." (Tipo C)

9. Um casal está discutindo.

Pessoa A: "Você nunca concorda com coisa alguma do que eu digo."

Pessoa B: "Como assim, nunca concordo? Concordei com você hoje de manhã, ontem à noite e no sábado passado, então não pode dizer que nunca concordo com você."

Pessoa A: "Você sempre diz isso quando toco nesse assunto!"

Pessoa B: "Isso é mentira! Não digo isso sempre!"

Quais dessas frases poderiam ter sido ditas por você?

- ❑ As da pessoa A. (Tipo C)
- ❑ As da pessoa B. (Tipo A)
- ❑ Nenhuma delas. (Tipo B)

10. Seu par retorna de uma viagem de negócios em que tentou conquistar um novo cliente. Quando você pergunta como as coisas correram, a resposta é: "Foi ótimo. Conseguimos o contrato." O que você faz?

- ❑ Como ficou tudo claro, você se satisfaz com a resposta. (Tipo A)
- ❑ Não se satisfaz com a resposta e continua a fazer perguntas até saber de todos os detalhes. (Tipo C)
- ❑ Pergunta se o/a parceiro/a quer contar mais detalhes, mas não se decepciona se ele/ela recusar. (Tipo B)

Avaliação: O grande teste da comunicação

Compare as respostas e verifique a freqüência com que são parecidas ou iguais. Quanto mais parecidas, melhor a comunicação entre vocês. Se menos de um terço das respostas coincidir, é melhor se preocupar com o relacionamento.

Avaliação: O que você quer dizer com isso? – O teste do esclarecimento

Conte quantas vezes escolheu os tipos A, B e C. Cada resposta vale um ponto. Leia a seção em que tiver obtido mais pontos.

Tipo A

Você se comunica de modo masculino e possui as características descritas na introdução deste capítulo.

Tente se colocar no lugar do outro de vez em quando e leve em consideração que as mulheres se comunicam de maneira completamente diversa da dos homens.

O cérebro feminino é programado para usar a fala como principal meio de expressão, e este é um de seus pontos fortes. Com um fluxo maior de informações entre os hemisférios esquerdo e direito, e com mais regiões do cérebro relacionadas à fala, a utilização da fala pela mulher é bem mais complexa. Ela se vale das palavras para demonstrar participação, estabelecer relacionamentos e como meio de recompensa. As mulheres gostam de falar bastante e compartilhar seus pensamentos. Se você levar em conta tais aspectos ao conversar com sua parceira e der um passo em sua direção, adaptando-se ao seu modo de se comunicar, estará construindo um relacionamento feliz.

Tipo B

Dependendo da situação, você se comunica de modo mais masculino ou feminino. Isso é uma vantagem, pois sua flexibilidade permite que você se adapte à pessoa com quem fala, beneficiando-se com isso. Obviamente, você já percebeu que a comunicação envolve não apenas o que você pensa e diz, mas também como a outra pessoa entende. Isso requer alguma sensibilidade e visão, mas estas parecem ser qualidades que não lhe faltam.

Tipo C

Você se comunica de forma feminina e apresenta as características descritas na introdução deste capítulo.

É preciso que você se coloque no lugar do parceiro e tenha em mente que os homens se comunicam de maneira significativamente diferente da sua, como também abordamos no início do capítulo.

Os homens em geral não conseguem desempenhar várias tarefas ao mesmo tempo, pois seu cérebro é projetado para "fazer uma coisa de cada vez". Eles são capazes de encontrar o caminho de A a B num emaranhado de ruas secundárias, mas não conseguem conversar sobre mais de uma coisa ao mesmo tempo. Eles raramente demonstram solidariedade ou afeição por meio de palavras; demonstram com ações, preferindo manter silêncio e não dividir seus pensamentos com as outras pessoas.

Se você levar tudo isso em conta ao falar com seu parceiro, procurando se adaptar à forma como ele se comunica, estará construindo um relacionamento feliz.

E aqui termina nosso livro, mas não termina o processo entre vocês dois. Lembrem-se sempre: somos estruturados de modos diferentes e, quando nos encontramos e nos tornamos parceiros, já solidificamos maneiras de agir e pensar.

Mudanças exigem investimento contínuo. Por isso, de tempos em tempos, releiam nossos livros e retomem este aqui para refazer os testes e avaliar os avanços e recuos. Temos certeza de que, desta forma, estarão garantindo um relacionamento harmonioso e companheiro que será fonte de alegria e crescimento para vocês.

CONHEÇA OUTROS TÍTULOS DE ALLAN E BARBARA PEASE

POR QUE OS HOMENS FAZEM SEXO E AS MULHERES FAZEM AMOR?

Apoiados em pesquisas e estudos científicos, Allan e Barbara Pease apresentam conclusões perturbadoras sobre as nossas relações e nos ensinam, com muito bom humor, a compreendê-las, aceitá-las e torná-las muito mais prazerosas. Você vai descobrir por que as mulheres se desesperam com o silêncio dos homens, por que elas são mais fiéis, falam tanto e têm dificuldade em estacionar junto à calçada, e vai saber o motivo que os levam a monopolizar o controle remoto, a detestar críticas e a se calar quando estão estressados. E muito mais!

POR QUE OS HOMENS MENTEM E AS MULHERES CHORAM?

Para ter alguma chance de levar uma vida feliz e desfrutar o prazer que um relacionamento nos proporciona, precisamos entender as diferenças entre homens e mulheres e aprender a melhor maneira de lidar com elas. Nesse livro, Allan e Barbara Pease explicam o comportamento sempre imprevisível do "outro sexo". De forma clara e bem-humorada, eles respondem às nossas principais dúvidas e apresentam soluções práticas para tornar a convivência entre homens e mulheres mais prazerosa.

DESVENDANDO OS SEGREDOS DA LINGUAGEM CORPORAL

Quando aprendemos a prestar atenção em nossa linguagem corporal e a interpretar corretamente a dos outros, passamos a ter maior controle sobre as situações, pois podemos identificar sinais de abertura, de rivalidade ou de atração e agir de forma adequada. Para nos ajudar nisso, Allan e Barbara Pease explicam o significado real de gestos que usamos no dia-a-dia, como cruzar os braços, coçar o nariz e balançar a cabeça, evitando os habituais mal-entendidos causados pela contradição entre o que dizem nossas palavras e nosso corpo.

CONHEÇA OS 30 CLÁSSICOS DA EDITORA SEXTANTE

- *O Código Da Vinci*, *Anjos e Demônios* e *Fortaleza Digital*, de Dan Brown
- *Pais brilhantes, professores fascinantes*, *Nunca desista de seus sonhos* e *Você é insubstituível*, de Augusto Cury
- *O monge e o executivo*, de James C. Hunter
- *Um dia "daqueles"*, *O sentido da vida* e *Querida mamãe, obrigado por tudo*, de Bradley Trevor Greive
- *Por que os homens fazem sexo e as mulheres fazem amor?*, de Allan e Barbara Pease
- *Os 100 segredos das pessoas felizes* e *Os 100 segredos das pessoas de sucesso*, de David Niven
- *Enquanto o amor não vem*, de Iyanla Vanzant
- *A última grande lição* e *As cinco pessoas que você encontra no céu*, de Mitch Albom
- *A Dieta de South Beach*, de Arthur Agatston
- *O ócio criativo*, de Domenico De Masi
- *Não leve a vida tão a sério*, de Hugh Prather
- *O Poder do Agora*, de Eckhart Tolle
- *A vida é bela*, de Dominique Glocheux
- *Palavras de sabedoria* e *O caminho da tranqüilidade*, de Sua Santidade, o Dalai-Lama
- *Muitas vidas, muitos mestres* e *Só o amor é real*, de Brian Weiss
- *Histórias para aquecer o coração*, de Jack Canfield e Mark V. Hansen
- *Conversando com os espíritos*, de James Van Praagh
- *Aprendendo a gostar de si mesmo*, de Louise Hay
- *Mantenha o seu cérebro vivo*, de Lawrence Katz e Manning Rubin
- *Aprendendo a silenciar a mente*, de Osho

Informações sobre os próximos lançamentos

Para receber informações sobre os lançamentos da Editora Sextante, basta enviar um e-mail para
atendimento@esextante.com.br
ou cadastrar-se diretamente no site
www.sextante.com.br

Para saber mais sobre nossos títulos e autores, e enviar seus comentários sobre este livro, visite o nosso site:
www.sextante.com.br

Editora Sextante
Rua Voluntários da Pátria, 45 / 1.404 – Botafogo
Rio de Janeiro – RJ – 22270-000 – Brasil
Telefone (21) 2286-9944 – Fax (21) 2286-9244
E-mail: atendimento@esextante.com.br